信息茧房，

意见的极化与人的游离

王小圈　何　羽　著

電子工業出版社
Publishing House of Electronics Industry
北京•BEIJING

内容简介

信息茧房这一传播学现象近年来备受关注，但少有人从最根源处着手讨论。本书两位作者独辟蹊径，分别从自身社科、工科学术背景出发，往下深挖信息本质，往上探讨科技论理，首次以“信息论”视角，层层剖析信息茧房的成因，论证其合理性，并释以破局之道。

图书在版编目（CIP）数据

信息茧房，意见的极化与人的游离/王小圈，何羽著. —北京：电子工业出版社，2023.3

ISBN 978-7-121-44837-9

Ⅰ. ①信… Ⅱ. ①王… ②何… Ⅲ. ①新闻学－传播学 Ⅳ. ①G210

中国国家版本馆CIP数据核字（2023）第006685号

责任编辑：张月萍
印　　刷：天津千鹤文化传播有限公司
装　　订：天津千鹤文化传播有限公司
出版发行：电子工业出版社
　　　　　北京市海淀区万寿路173信箱　　邮编：100036
开　　本：880×1230　1/32　　印张：6.875　　字数：205千字
版　　次：2023年3月第1版
印　　次：2023年3月第1次印刷
定　　价：59.00元

凡所购买电子工业出版社图书有缺损问题，请向购买书店调换。若书店售缺，请与本社发行部联系，联系及邮购电话：（010）88254888，88258888。

质量投诉请发邮件至zlts@phei.com.cn，盗版侵权举报请发邮件至dbqq@phei.com.cn。

本书咨询联系方式：（010）51260888-819，faq@phei.com.cn。

前言

新冠肺炎疫情横扫全球的时候，我正在美国，刷了半小时网页，终于艰难地在15千米外的药房预约到了新冠病毒疫苗。这意味着20天后我可以打第一剂疫苗，拥有一点体内免疫。与此同时，美国反疫苗团体上蹿下跳，拥趸颇多。他们反对包括脊髓灰质炎、白百破、乙肝、甲肝等一切疫苗，认为这些都是人体实验。这群人中还有不少人相信“地球是个平面”。

在信息发达的年代，人们为什么还会根深蒂固地相信一些错得离谱的信息？在互联网的加持下，为何一些错误的认知不仅没有被纠正，反而有被强化的趋势？意见是如何被制造、传播、接受的？在意见传播的过程中，会有信息被错误传达吗？

我和何羽（本书另一作者）就此展开了讨论。我们首先联想到的是传播学概念“信息茧房”。一开始这只是一个茶歇闲聊的话题，随着思考的深入，我们兴致勃勃地讨论了数月，各种想法冒了出来：散装人类、流水线价值观、赛博人格、群体极化、去个体化、数字资本主义……

我在某互联网公司做市场营销，拥有文史和商科背景，习惯从社科角度思考问题。何羽是某上市公司的数据科学家，拥有电气工程博士学位，尝试从信息论、信息熵的角度来解读社会现象。社科和工科的碰撞激发出某种化学反应，从而从一个前所未有的刁钻角度对“信息茧房”这个议题进行了讨论。

作为一个在当下有些过于耳熟的话题，各方人士从传播学、社会学、心理学的角度对信息茧房大加挞伐，却很少有人从根源处的“信息”着手，往下深挖信息的本质，往上探讨科技理论——我们认为，这不仅是一个社科问题，还是一个工程问题。

从社科角度看，信息茧房是人类的某种主观选择，但人类在处理信息的过程中存在种种迷惑性操作，各种心理偏误、逻辑陷阱、传播偏差层出不穷。本书第2、3章通过大量扎实案例解读相关现象。

从工程角度讲，信息茧房是很难避免的客观结果，是人类为了高效处理信息自愿支付的某种代价。本书第4、5章以信息压缩和冗余、编码解码、信噪比、有损采样等信息论概念来类比人类大脑的信息处理方式，试图解释信息茧房的本质。

虽然信息茧房难以彻底杜绝，但只要我们对其有深刻彻底的了解，便能在日常的信息接收中对其保持足够警惕，事先防御，事后突围。本书第6章提供了个体突围的可操作手段。

描述信息茧房的文章千千万，但以信息论的新奇视角阐释信息茧房本质和肌理的，本书或是第一家。君子不器，文理一身。愿我们每一个人都能破茧成蝶，无限接近信息自由。

——王小圈 于2022年 11月

目录

第 1 章
chapter 1

无处不在的信息茧房

先说一个流传已久的笑话——

以前有一百只小青蛙，蹲在井底呱呱呱："看呀，天空只有井口这么大！"有个好心人给它们拉了网线，安了电脑，让小青蛙们看看井外的世界。小青蛙们上了网，互相加了好友，彼此确认一番后纷纷感慨："果然天空只有井口大，因为大家都这么说！"

这就是传说中的"信息茧房"。小青蛙们能上网，能接触大量开放的信息，但在汹涌而至的信息流里，只选择相信自己想听到的二手消息，并在信息交流中不断强化自己的观念，于信息开放的世界中构筑出一个信息闭锁的边界，宛若茧中之蚕。

小青蛙的世界并不可笑。当所有人都在井底的时候，"天空到底有多大"是如何被认定的？谁有权力定义天空的大小？小青蛙们的群体协商是否能得出"更正确"的意见？

这是非常复杂的问题。

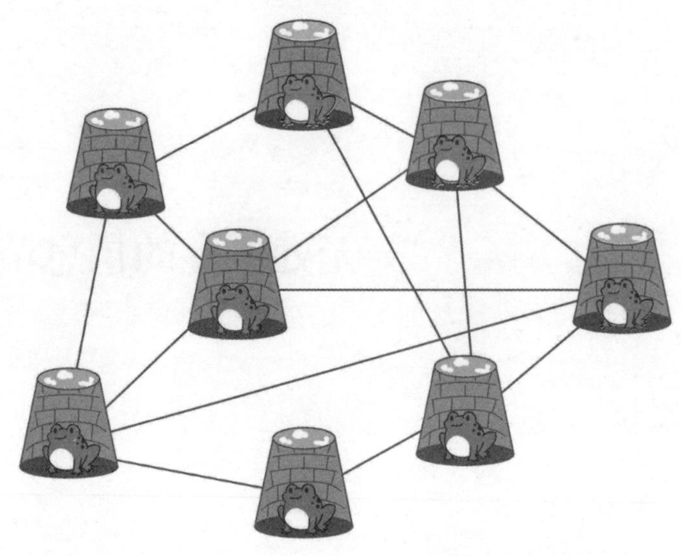

1.1 什么是信息茧房

信息茧房里的小青蛙

“信息茧房（Information Cocoons）”这个概念，最初由哈佛大学法学院教授、奥巴马的法律顾问凯斯·桑斯坦提出，它被定义为一个通信空间，在此空间中，人们选择性地听取让自己顺耳的东西。

> Communications universe in which we hear only what we choose and only what comforts us.（信息茧房是一个通信领域，在这里我们只听我们选择的东西，和让我们听了会舒适的东西。）
>
> ——《信息乌托邦：众人如何生产知识》，
> 凯斯·桑斯坦，2008年，法律出版社

在这里，“选择”是一个相当关键的词。

拙作《跨界竞争》中提到一个例子。

刘慈欣在中篇小说《诗云》中开了一个有趣的脑洞。小说中有一个超高智慧的外星人，热衷于搜集宇宙各个文明的艺术。它和一位中国诗人起了争执，它认为自己能写出最好的诗。中国诗人则认为没有人能超越李白。为了证明自己的正确，外星人采集了所有汉字，穷举所有绝句的排列组合——这当然是相当大量的一堆数据，它不得不拆了整个太阳系的物质来存储这些组合信息。

外星人的原理很简单：逻辑上，没有人能说李白的诗是诗歌艺术的上限。虽然我不知道这堆数据里面哪一个组合能超越李白，但既然我穷举了，其中必然有超越李白的作品。这个外星人写出超越李白的诗歌了吗？写出来了。在哪里呢？我不知道。

这正是信息时代我们面临的问题，这是一个关于“选择”的问题。

所谓选择，是一种取舍。

在人类漫长的历史中，大多数时候一个人所能接收到的信息，小于他的注意力极限。在触手可及的影像资料被发明之前，人类文明被积累在文字中，而文字的读写又被极少数巫医僧侣或统治阶级所垄断。当人的注意力被集中、反复地分配在同一事物的同一阶段上时，人会觉得放松舒缓，会觉得“从前的日色变得慢。车，马，邮件都慢。一生只够爱一个人。”[1]

即便是几十年前，情况也没有改变太多。那时候的人每天翻开本地晚报会有所期待，每个月踮着脚尖等待杂志也会略带焦急。当时的信息太少

1　引自诗歌《从前慢》，作者木心。

了，人们连报纸中缝的广告和笑话也舍不得错过，根本不存在选择取舍的问题，每一行文字都均匀地有被阅读到的机会。当时的人们，只有在少数场景中面临选择困难，比如在图书馆丛林般的书架前，比如在音像店的开放式货柜前。

当地方晚报从八个版面发展到六十四个版面时，人们就很难坚持每天把报纸从头到尾看完了，不过是挑点儿感兴趣的话题看，于是报纸上的信息被人为分配了更多的权重。如今每个人每天能遇到的信息，又何止六十四个版面。我们所面对的信息量远远超出了哪怕最厉害的人每天能接受的剂量。

信息交流变得通畅，但始终有一些信息比另一些更畅通一点儿。面对呈爆炸式增长的信息，人们不得不做出选择，于是每一份信息被看到的机会也不再均匀，也有了权重。这种权重的分配法则基于人的偏好，偏好背后的原因则因人而异：有些人偏好权威信息，有些人喜欢和自己立场一致的信息，有些人偏好能满足自己动机的信息，有些人喜欢和自己预设立场一致的信息，有些人只听得进顺耳的话，有些人吃软不吃硬，如此种种，不一而足。

当一个人伏身于独木浮舟，飘零于信息的汪洋大海时，最害怕的是什么？缺水。四面都是水的时候，最缺的，也是水。可他真的缺水吗？他缺的是把淡水从海水中筛选出来的能力，缺乏的是把李白的诗歌从一个太阳系那么大的硬盘里挑选出来的能力。

信息茧房正是这样一个充满矛盾的隐喻。当我们连上高速宽带，最害怕的是于四面环水中干渴，于信息高速中闭塞，于人山人海里孤独，于知识的海洋里保持无知。

信息茧房的五大条件

信息在网络传播中被扭曲、限制、过滤的情形非常常见，并不是所有信息闭锁都叫茧房。桑斯坦没有对“信息茧房”进行严谨的定义，但我们可以根据其多本著作中的描述，对信息茧房限定一个应用的范围。信息茧房应同时符合以下条件——

1. 信息过载而非信息不足

是指茧房外的信息过载，茧房内的信息则呈现出均质化的特征。

信息茧房必须在信息充分的状况下形成，而非信息不足。

当人处于信息不足的状况时，必然会竭尽所能搜罗所有能接触到的信息，从而达到对信息的全面接触，这就很难有所选择。比如在20世纪90年代，中国引进的漫画书很少，漫画的汉化版本不多，漫画书店的库存也不多，一个小朋友想看漫画，没有太多的选择余地，只能有什么看什么，抓住一切能看到的漫画。这就缺乏一个形成信息茧房的客观条件。

但如果这位小朋友借了妈妈的图书卡，可以在小说区的密集书架间钻来钻去，每周挑五本回家，那么他在面对海量图书的时候，毫无疑问信息过载，他不得不先选两本喜欢的。这个“选择”的过程，就满足了信息茧房的条件。

2. 主动构造而非被动形成

从信息传播渠道上讲，信息茧房必须是在信息畅通的环境中自发构造的。

之所以叫信息“茧房”而非信息“鸟笼”，是因为“茧”是蚕自己织就的。小学生的手机或电脑中被爸爸妈妈安装了青少年保护软件、推特封锁了特朗普的账号、女生宿舍门口写着“男宾止步”，这都是客观原因导致部分信息断流，这无法构成信息茧房。

在某些古代笔记中，记载某些所谓“礼教森严”的人家把女眷禁足在内院，整个内院门窗紧锁，只有小小的墙洞用来输送食物。小到禁止私相授受，大到闭关锁国，只许番邦来朝，不许民间商贸，都是人为制造的“被动”的信息过滤。

有些人会为了考研/考公下定决心换成只能打电话的老人手机，这和古人为了科举考试锯掉楼梯以把自己禁闭在二楼书房类似，这些虽然看上去是自发要求过滤外来信息，但实际上这是“主动”构成一个客观无法上网的环境。

在以上案例中，上锁的人锁的无论是别人还是自己，归根结底都是一种被动的信息封锁，都不能形成茧房。

3. 自由选择且无条件制约

从主观能动的角度讲，信息茧房必须是在相对充分的自由意志下做出选择。

以下两句话其实表达的是同一个意思。

在《哈利·波特》中，邓布利多对哈利说："表现我们真正的自我，是我们自己的选择，这比我们所具有的能力更重要。"

腾讯副总裁孙忠怀形容部分短视频："你喜欢猪食，你看到的全都是猪食，没有别的。"[1]

回顾人生，很多时候不是能力决定了我们现在的状态，而是"选择"。对内，是我们选择成为现在的自己，成为这样的自己；对外，是每一个人的选择成就了这样一个世界。

曾有人说，在生活中，我们总会遇到这样的人：他们无忧无虑，阳光善良，但好像缺乏那么一点儿同理心。这类人往往从来没有面对过真正的贫穷。这些人不仅生下来就有钱，从来没有吃过"缺钱"的苦，还有可能富了好几代，他们在"钱"这个东西上获得了满满的安全感。他们之所以阳光又善良，并不是他们自己"选择"成为一个善良的人，而是因为他们生来就无须接触"恶"。我羡慕这样天赐的好命，但不羡慕这样单薄的善良。因为无知也是一种选择匮乏。

选择的过程，经常是一个彷徨、痛苦、权衡、放弃的过程。在这个过程中，我们逐渐明白对"我"来说，什么是重要的，什么是不重要的，由此我们逐渐辨别自身和外界的边界，逐渐于混沌中凝固成自我，凝固成一个清晰的灵魂。

很多时候人的选择非常有限。比如选择出国念书，还是参加国内高考？选择"996"，还是继承家业？大多数人对这些并没有太大的选择余

1　据《中国新闻周刊》2021年6月7日视频新闻：2021年6月3日，在第九届中国网络视听大会上，腾讯副总裁、在线视频首席执行官孙忠怀称部分低智低俗短视频长期影响用户心智，繁荣市场背后仍有不少低俗糟粕、博取关注的短视频内容，这些内容传播消耗了用户大量时间。

地。富家子弟一生优渥，不需要“选择”就可以“善良”；贫困到绝望的人，有时候要么“善良”，要么走向极端。譬如冉阿让偷面包，也不能说他有什么选择的机会。这二者在“善良”这个标的物上，都没有机会形成信息茧房。

4. 信息过滤而非信息隔离

信息茧房是对信息的“选择”而非抗拒。

茧不是一个密闭的塑料壳，它透水透气。茧中的蚕依旧和外界进行物质交换，依旧在进行新陈代谢。信息茧房中的人依旧进行着信息交换，收听收看信息，与人沟通交流，保持相当大的信息流水。只是由于种种原因，茧房中的人接收到的信息是被茧壳过滤过的，尽是一些他们乐见的消息、乐于相信的观念，久而久之，茧中人的观念就会固化，看似透风透水，实则油盐不进。

因此，小学生被爸爸妈妈拔了网线无法上网、海底光缆断裂导致局域性断网、远洋旅行无法上网，抑或是主动闭关修炼，这都是信息断流，而非选择性的过滤。其实这也和上文提到的“选择”一脉相承。选择的前提是你有选项，当你什么选项都没有，陷入了选择权的真空时，自然无法形成信息茧房。

5. 逐渐固化并非一蹴而就

信息茧房是逐渐形成的，并会维持一个相对稳定的状态，而非一时的偏听偏信。

正如蚕结茧的过程，茧房是在一丝一缕的构筑中逐渐建成的，并在茧构成后有相当长一段时间的孵化期。一个人长期选择只听同一种声音，这一种声音自然只能展示给他一个单调的世界。久而久之，这人便觉得世界就是如此，就是我所见的样子，滤镜下的样子。这些认知建立在自己长期积累的所见所闻之上，格外牢固稳定。他在茧房里听到的所有声音都是被筛选过的，无非是同一个声音的无数遍重复而已。同一种声音重复多了，声音就大了，便三人成虎了，从此意见成为真理，想象成为真相。

1.2　茧房的类型

个体和群体的茧房

桑斯坦定义的“信息茧房”指的是个体的茧房，指人选择性地接收信息，久之造成个人的信息封锁。这个概念可以拓展到“群体”的茧房，指一群人选择性地吸纳持有相似立场或对某个观点持有相同意见的同伴，久而久之周围都是一样的人，形成集体的信息封锁。这两者本质上是一样的，只是一个是从微观角度来说，另一个是从宏观角度来说。

如上文所说，对于一只小青蛙来说，它只愿意听取“天空只有井口大”的信息，这些重复的信息形成了它个体的茧房。对于一群小青蛙来说，所有坚信“天空只有井口大”的小青蛙抱团取暖，形成了一个信念坚定的集体，这些重复的信念形成了一个集体的茧房，茧房里面是一群持有相似信念的个体。

把这些被筛选过的、意见趋同的声音集合到一个茧房里，让茧房中的人的观念不断被重复、被夸张、被强化，最终成为颠扑不破的“真理”。这被称为“回音室”效应，有时也被称为“同温层”效应，指在一个相对封闭的环境中，一些意见相近的声音被不断重复，并以夸张或其他扭曲的形式被重复，令其中的大多数人认为这些扭曲的故事就是事实的全部。下面的社交网络图显示了用户形成独立、不同的集群。

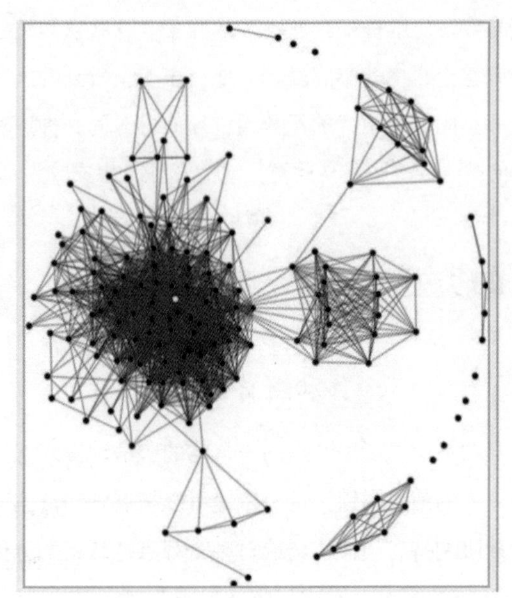

在现代社会中，互联网的普及，社交媒体的发展，令这种现象更加严重了。部分商业网站会根据用户的搜寻结果或使用习惯进行记录与分析，持续给用户提供其所喜欢的内容，导致一个人在同一网站中接收到的资讯被局限于某个“光谱”内。从政治和社会角度来看，这会加剧两极分化和极端主义。

2021年，YouTube上的医院抢救新冠肺炎病毒感染者的新闻、纪录片出现了大量差评。点开评论区，选择“按时间逆序”，你会看到大量匪夷所思的评论。在新冠肺炎病毒杀死美国60万人之后，美国依然有很多人认为Covid-19从未存在，认为疫情是政府和比尔·盖茨的阴谋，依旧认为口罩毫无必要，依旧认为疫苗会监控人体……

所有的这些奇谈怪论都非一日形成的，有很多论文讨论它们的起源，有些附会于遥远的古代神话，有些根植于某些旷日持久的谣言，有些来自曾经影响巨大的传说，这些东西通过时间的发酵，形成了义务教育和常识都无法破译的画地为牢。

旧世界的茧房

传统的茧房不仅仅通过文字来构筑，还有很多可以在现实中物理实现。

之前有一则社会新闻，说北京某商业小区，均价每平方米9万元，其中政策性安排了三栋保障性住房，售价每平方米2万元。以9万元单价买房的业主给2万元单价的三栋楼造了一圈隔离墙，把自己和保障性住房的业主隔离开来。这是一个伪茧房的东西，起到了身份区隔的作用，保证其活动范围内都是住每平方米9万元房子的“上等人”。

严格定义上这不算茧房，算某种自主自发的信息闭锁，但这种作茧自缚的心态非常值得观测，或算是某种“贵族精神”的遗毒。

几百年前的欧洲大陆，国王们多多少少带点哈布斯堡家族的血统。“高贵”的血统不容泥巴种[1]玷污，但血统的茧房里就那么几段DNA，两百年的近亲婚配史爆发出统一的下颚前突的下巴，英文称之为“哈布斯堡下巴（Habsburg jaw）”，中文称之为“鞋拔子脸”，下图所示的是哈布斯堡王朝的最后一位西班牙国王——卡洛斯二世的哈布斯堡下巴。

几千年前的古埃及，因为法老被认为是神的后代，神的DNA不容外人“污染”。法老拉美西斯二世娶了自己的姐妹和自己的两个女儿，他的儿子则被认为很大概率和亲妹妹结婚。这些都算是DNA层面的茧房——如果遗传信息也算信息的话。

1　泥巴种：《哈利·波特》小说中针对麻瓜出身或混血统巫师的一种带有贬义的称呼。在一般情况下，这个词被纯血统优越主义者用来指代“麻瓜”出身者，即没有巫师亲属、出生于麻瓜家庭的巫师。尽管与纯血统巫师相比，麻瓜出身与混血统巫师的魔法力量并没有什么差异，但纯血统优越主义者认为他们是更为劣等的种族，不配使用魔法。

“信息茧房”一词或是新词，但人类有目的、主动的防火墙自建行为却是古已有之。自认为高贵的人总是想和平民区隔开来，而自认为不够高贵的人，总是义无反顾地朝着“高贵者”定义的位置冲刺。譬如，皇帝不许别人穿黄色的服装，贵族不许商人穿高级的皮毛，“贱籍”不许参与读书科举。建立区隔是阶级社会的必然结果之一，而且这种区隔是有方向的，比如是由上到下的，由高到低的。贫民窟不介意富翁来造一栋别墅，但别墅区要是建一个贫民庇护所，怕是业主要抗议的。

物质的世界如此，精神的世界亦如此。

法国社会学家布尔迪厄有一本旷世之作——《区分：判断力的社会批判》，这本书在中国销量一般。出版界还有另外一本角度不同但题材相似的书卖得极好，叫《格调：社会等级与生活品味》。

我曾在《如何成为一个有趣的人》一书中讲过阅读技巧，提到“成年人如何阅读才能起到事半功倍的效果”，其中有一条技巧是“有些书一起读会有1+1>2的效果”，比如《汤姆叔叔的小屋》和《飘》，比如老舍的

《月牙儿》和苏童的《红粉》，比如张爱玲的香港背景小说和毛姆的殖民地背景小说，比如贾宝玉咏林四娘和王晋康写女军医等，阅读的快乐不仅仅在于读到“好东西”，还在于发现这个世界微妙的关联，即“比较阅读”。

再比如上文所说的《区分：判断力的社会批判》和《格调：社会等级与生活品味》这两本书，两位作者观念、角度的差异，再加上读者本人看书时的观点，在大脑中可以自己开一场读书谈话类节目。

布尔迪厄的《区分：判断力的社会批判》可以说是文化品味领域的“资本论”，或言“文化资本论”。在审美的世界里，上位者不断构建新的标准，让自己与下位者区隔。

例如在大多数人需要胼手胝足的年代，体宽肤白被认为是“美”的——之所以为美，是因为对穷人来说这很难，做不到——这种被定义的“美”是上文所说的小区里的那道墙，用以产生商品房业主和保障性住房业主的物理或心理距离。等到大多数人都不用下地，都可以买得起垃圾食品，都体宽肤白了，西方世界的上位者赶紧重新定义了美：“肌肉线条鲜明，皮肤晒成蜜糖色才是美。”无他，只因到了穷人也能体宽肤白的年代，旧时的墙已经阻挡不了“下面”的阶层，相当于被拆了。上位者必须造一道新的墙把自己隔离起来。这就是一种很明确的茧房心态。

这就像是某种《金枝》困局[1]，只要茧房之间有高低（或是上下、尊卑、贵贱）之分，那么总有人想从楼下的茧房爬到楼上去，楼上的就得不断建立新的墙和地板，以避免太多人挤进自己的茧房。于是有人发现问题所在：下位者永远在追赶，上位者永远在定义。

譬如，在美国，白人曾经定义了某种“上等人的体面”：自律、克

1　《金枝》，即《金枝：巫术与宗教之研究》，J. G. 弗雷泽，2012年，商务印书馆。

制、低调、自我修饰、对艺术的鉴赏力等。曾经作为下位者的黑人群体，作为一个大基数的整体（而非个体），无论如何潜心学习这种体面，短时间内都无法超越占有先手优势的对方。想要平等与之对话，必须创造自己的价值观鄙视链。

当代黑人街头文化的价值观和这种“上等人的体面”截然不同：你自律，我享乐[1]；你克制，我奔放；你低调不喜logo，我大金链子戴一身；你西装革履嫌我粗俗不堪，我低腰露内裤嫌你斯文败类；你去博物馆看古典油画，我在街头涂鸦；你虚伪，我真性情。

此刻，鄙视链已然断裂。区隔依然存在，但没有了高下之分。在一个梳着脏辫说唱的街头少年的心中，他并不会自卑于衣冠楚楚听歌剧的老爷太太们。这种群体认知的构建是了不起的胜利。茧房能区隔我们，也能支撑我们，保护我们。

在早期人类文明中，书面信息，即文字，往往被统治阶层垄断，只有少数人才有机会学习。文字意味着智慧，智慧意味着独立思考，独立思考是不稳定因素，不利于控制底层群众。

在欧洲历史上，拉丁文长期垄断宗教界，光是为了“能不能不用拉丁文做祷告”，就打了许久的仗，死了许多的人。用拉丁文写的《圣经》，普通民众无法理解，只能由教会代为解释，教会就由此横亘在“神”和“人”之间，成了神在人间的代理人。这个由拉丁文构成的经院体系，就是一个巨大的类似茧房的构造。他们自顾自讨论具体而微的诸如针尖天使的话题，并相信那是人世间最重要的议题之一。

如果说拉丁文的茧房源于某种语言惯性，那么朝鲜谚文就更符合“主

1　在农场主的年代，美国白人内部的族裔和价值观也相当分裂，爱尔兰裔和意大利裔的文化风俗极为不同，即便来自同一个国家同一种文化的白人，由于其阶层的不同，所推崇的价值观也很不一样。这里只是以其中一种价值观举例。

动构造而非被动形成”这一茧房形成的条件了，下图所示的就是谚文。

訓民正音
國之語音이
나랏말ᄊᆞ미
異乎中國ᄒᆞ야
中國에달아
與文字로不相流通ᄒᆞᆯ
文字와로서르ᄉᆞᄆᆞᆺ디아니ᄒᆞᆯᄊᆡ
故로愚民이有所欲言

1443年，朝鲜世宗颁布谚文法案，创立字母注音文字，从此朝鲜文的记录不再必须依赖于汉字注音。谚文的颁布在客观上疏离了汉文化的强大影响力，为朝鲜文化的独立发展创造了空间。类似的文字还有西夏文、越南字喃等。

当然世宗大王未必在主观上有这个目的，他的本意大概只是“训民正音”，搞搞扫盲运动。

那有没有主观上为信息自闭而制造的文字呢？也有，女书。女书是一种流传百年的注音文字，曾于湖南、广西部分地区使用，可以用湖南江永土话阅读或吟唱。由于中国过去的旧思想，当地女性不被允许读书识字。古代闺阁文字一旦流传在外，哪怕诗词写得再好，也有损女子清誉，譬如《红楼梦》里黛玉就因此埋怨过宝玉。基于这种通信私密性的要求，为了满足女性用文字交流的需求，当地妇女便发明了女书。女书严禁男子学习，一般男子看到也不认识，这就构成了一个以性别为标签的信息过滤，自发建立了信息茧房。

类似的人工区隔还有很多，比如黑话、行话，目的是构筑一个信息屏障，过滤不专业的信息，为茧房内的人提供安全感和归属感，并强化内部认同。美国大学的“兄弟会”“姐妹会”等，入会人士也自有他们自己的一套暗话。

自从人类有信息起，人们就意识到信息的巨大作用，就从未停止过对各种茧房的构筑，而网络和算法的发展在信息处理层面加剧了这一现象。

信息时代的茧房

人类物质社会的历史，即资源配置的历史。

千万年来，人类孜孜不倦地致力于资源优化配置，即把资源整合起来，放到最能发挥其作用的地方。为此，我们发明了君主制和共和制，发明了选举和科举，发明了轮子和内燃机，发明了货币和股票，发明了战争和革命。

美苏对抗，可以被认为是当代最大的体制之争。双方都出现过较为严重的经济问题。无论是美国人排队倒牛奶，还是苏联人排队买面包，都是资源错配的结果。

从小处着眼，一方配置了太多资源在牛奶生产上，一方配置了太少资源在面包生产上；从大处着眼，得克萨斯州到底安排多少头奶牛、莫斯科每天要烘烤多少个大列巴，这个精确到个位数的结论是如何实现的？是三百个牛仔拍脑袋一哄而上，还是领导拍大腿一挥而就？这是资源配置的问题，事关国本。

之后美国有罗斯福改革，强化政府对经济的监管，苏联有柯西金三次经济改革，尝试放手给市场更多的自由。这两位的成败另说，起码改革意识都到位了。

相对地，人类信息社会的历史，则是信息资源配置的历史，也是信息错配的历史。

人类从网络诞生的第一秒起，就孜孜不倦地进行信息配置，探索如何精准地把信息传递到最需要它的人面前。

互联网侏罗纪时代的人曾对“未来”的信息高速公路充满向往。麻省理工学院计算机系的教授尼古拉斯·尼葛洛庞帝曾在1995年出版过一本奇书——《数字化生存》，这本书销量惊人，多次脱销。作者在近三十年前幻想互联网崛起后人们的日常生活，网络世界发展得如此之快，当时看他的书不亚于看早期科幻图书。

作者眼中的未来——

- 在智能手机辅助下人类能随时工作，上班时间会大大减少，人们有更多时间娱乐休息。
- 垃圾广告会彻底消失，因为推送技术能将供需完美匹配，你都无法发觉自己是在看广告。
- 搜索引擎会帮助人记忆，学生不必再死记硬背，会有新的电子教学工具让学习变得更轻松、更高效。
- 贫穷的艺术家会被更多的人喜欢，文艺、美术会迎来一次大爆发。
- 网上人人平等，数字赋权平民，普通人更有尊严。
- ……

初看令人忍俊不禁，多看两遍能“哇”地一声哭出来。

在一般的经验中，人文社科人士对技术进步的展望更容易悲观，会有各种高科技低人权的赛博朋克想象，理工科人士则相反，他们更容易乐观。这位计算机系的教授好像《大话西游》里的紫霞仙子，总是精确地猜对了开头，却猜不到结局。

早期人们对信息时代的展望也是如此。人们相信网线的力量，相信人若陷于物理上的信息茧房，还有机会从网络信息中逃脱。毕竟网上的信息无穷无尽、丰富多彩，不是传统手段所能禁锢的。

然而当真正的信息时代来临时，我们却发现在几万年的进化过程中，有些东西一直在进步，比如信息传播速度越来越快；有些东西却从未改变，比如人的欲望还是那么老土。时至今日，冒着患高血压、糖尿病的风险，人类依然像几万年前那样喜欢吃火上烤过的滋滋冒油的肉，喜欢高热量的香香甜甜的碳水，喜欢收获能量而不是消耗能量，这些刻录在DNA里的东西，历经万年未曾改变。

同样刻录在DNA里的东西，或许还有对同好的亲近、对异见的排斥、对权力的向往、对同温层的依恋、对舒适区的沉迷。人类命运相对于技术进步很像雅各布斯的小说《猴爪》：“你会得到你想要的东西，你也会付出你想不到的代价。”到了这一阶段，信息时代的“信息”开始展示出它和前信息时代的差别。在信息传递过程中，人不再被动地接受送到面前的信息，而是建立起筛选机制，将一部分信息阻挡在外。

信息是以何种方式被传递到人们面前的呢？约有以下几种——

1. 定向收发

例如，电子邮件、QQ、微信等私信通信。

在这种方式下，用户一旦选定沟通对象，只能被动地接受信息，和前网络时代的打电话、写信几无差别。

2. 信息展览

例如，最初的门户网站、BBS论坛、企业和机构的官网。

在这种方式下，用户依然是被动接收公共信息，和网络前时代的公告板、报纸、电视也无甚差别。

3. 内容订阅

例如，RSS订阅。用户可以通过“RSS源”添加自己感兴趣的博客、新闻网站、视频号，形成一个个人定制的综合页面。如果源头的图、文、视频信息更新了，用户这边的聚合页面也会同步更新。

一些提供板块订阅的门户网站、论坛可以被认为是某种较为原始的内容订阅。电脑上RSS聚合阅读界面类似下图所示。

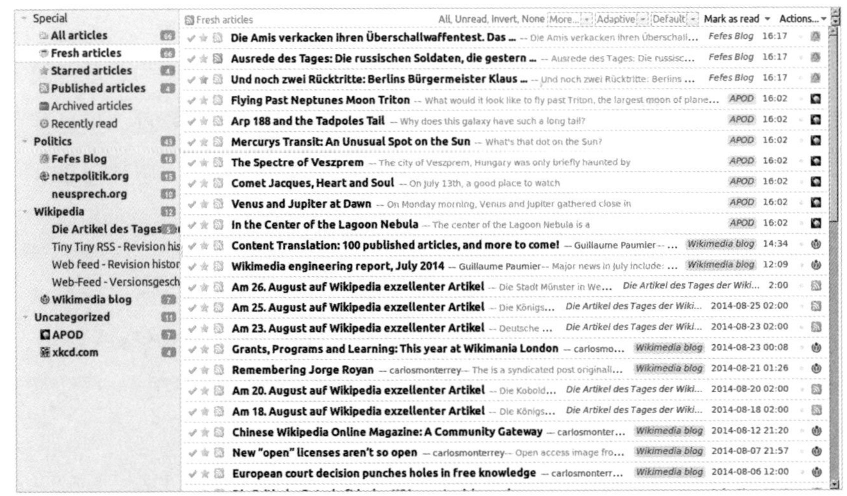

这种个性化定制是最早出现的互联网内容推送机制之一，因为推送内

容的高效性被使用至今。微博、知乎等用户首页今天依然采用类似的机制：用户先人工选择自己要关注的对象，之后该对象发布的信息就会出现在用户的首页。

“信息茧房”这一概念的提出者桑斯坦对信息茧房的假设正是基于“聚合内容”[1]这类信息的展示方式。他提到尼古拉斯·尼葛洛庞帝的《数字化生存》一书，书中把这类聚合信息称为“我的日报（Daily Me）”——专门为“我”定制的日报。对于纸媒年代的人，这是一个十分形象的比喻。

桑斯坦认为，聚合内容通过成百上千个人的共同协作，有类似想法和观念的人不断彼此影响，制造“偏激的错误、过度的自信和没道理的极端主义”。“我的日报”是机会也是风险，机会是指它让人更高效地找到自己想要的东西，风险是指它将人陷于信息茧房之中。

4. 搜索引擎

第一个全文本搜索引擎WebCrawler诞生于1994年，它为之后诸如Google、百度、雅虎等我们所熟知的搜索引擎奠定了行业标准。世界各国根据其国情差异，会使用不同的搜索引擎。在英语世界，主流引擎是Google；在日本，人们曾经更喜欢用雅虎；在俄罗斯，Yandex更受欢迎。

通过搜索引擎获取信息的方式和之前的“聚合内容订阅”又有些不一样了。我必须提供关键词才能获得信息，而“我能想到这个关键词”本身就是一种信息过滤机制。由此，我们的信息茧房又结实了一点儿。

1　内容聚合是指根据一定的主题或者关键词将网站原有内容进行重新组合排序而生成一个新的列表或专题页面。网站聚合的初衷是方便用户对同一主题相关的内容进行拓展阅读，但是发展到目前，这种聚合成了很多网站为了在搜索引擎中快速获取流量而使用的一种SEO技术手段。

5. 算法推送

虽然去验证近三十年前的预言不是君子所为，但还是很想再放一段上面那个总是猜到开头猜不到结尾的MIT教授的预言：

“从前所说的大众传媒正转变为个人化的‘双向交流’，信息不再被‘推给（push）’消费者，相反，人们（或他们的电脑）将把所需要的信息‘拉出来’（pull），并参与到信息的活动中。”

再度令人莞尔。

众所周知，“懒”是刻在成年人类的基因里的生存本能，我们真的很懒得去“拉”信息。当我们还是动物的时候，就深知保存热量对于维系生命的重要性。人类能躺着就不坐着，能坐着就不站着，至于运动，那是需要额外的多巴胺来诱骗我们、补偿我们的。我曾参与过游戏开发业务，深知早年那些繁复的注册流程为何一步步被简化为今天的模式，原因很直观：我们每让用户多点击一个按钮，注册过程的流失率就会多增加几个百分点。

早期豆瓣、微博、知乎的新手用户都会面临一个问题：在用户没有进行“聚合内容订阅”的时候——“我”没有关注任何人或板块的时候——“我”不知道该干什么。这个问题这几年得到了很好的解决。现在的互联网平台跳过了这一步，无须你动手选择，直接为你提供“你可能喜欢”的东西。

这种推送机制的成功源于近年来内容推送算法的快速发展。从Amazon的“协同过滤”起，各种基于机器学习、深度学习的新算法被不断发明、优化。每一个崛起的互联网社交产品的背后，都是极具竞争力的算法。

对用户而言，当算法足够“聪明”时，这种“安利送到嘴”的模式不但便捷高效，更是充满惊喜。某作家是这样描述她第一次使用某短视频App的：

“它不断地给我推送我喜欢的东西，我不断地点开，直到筋疲力尽，没有办法使推送停止。我不断地愉悦自己，像电击实验里的小老鼠，永远享受着电击的刺激。”

这种令人兴奋的体验带来极强的用户黏度。越来越多的互联网产品采用这种技术，使用户欲罢不能。这可以被用于购物网站、新闻媒体、音乐网站、视频网站等所有内容展示平台。当我们的网上生活被这些平台包围的时候，相当于给我们在网上看世界的眼睛加了一个滤镜。

我们只想要看着顺眼、听着顺耳的东西，那些不想看、不爱听的东西被阻隔在外。“忠言逆耳利于行”，逆耳的东西我们听不到了。我们用“忠言”去交换了“快乐”。可惜桑斯坦提出“信息茧房”的时候还没有这类推送机制，否则这倒是一个更为贴切的应用场景。

6. 下一步是什么

身处这个时代的我，无法想象有什么比算法推送、高明的算法推送、超级高明的算法推送更高效的推送方式了。如果有，可能是马斯克的脑机接口了吧。到那个时候，或许就可以翻手为云覆手为雨。那时候对小青蛙而言，“井外是什么”完全不重要了。

第 2 章
chapter 2
茧房预备：被量产的意见

作为唯物主义者，我认为人的观念来自对外界的认知，而非出身时心灵自带的初始信息。在后天信息的采集上，每个人或多或少有点偏好，当信息之间发生矛盾的时候，我们会根据自己的判断做一些取舍，得出个体的意见。

信息的取舍是一门大学问。此时，是优先信任最早录入的信息、最近录入的信息、权威信源的信息，还是和我预设立场一致的信息？每个人都有自己的法则。

小青蛙们如何得出自己关于天空的观点和意见？意见是如何生成、推翻、固化的？在信息茧房之前，我的意见真的是“我的”意见吗？在信息茧房之后，“我的”意见会被“我”以外的人操纵吗？

2.1 散装人类：消失的中间派

如第1章所述，信息茧房这一概念虽然是在互联网时代被发明出来的，但它所代表的社会现象却是古已有之，无非是现代技术让一个古已有之的现象“发扬光大”了。当代信息茧房一词之热，根源不在于互联网社交平台这个工具，而在于现实社会中群体意见的浪涌。讨论信息茧房，正本清源，需从最根本处着手。

“茧房”，乍一听像是一个关于“意见认同”的现象，一个人接受自己认同的意见，或是一群人聚集在同一个观念之下。实际上却恰恰相反，信息茧房的暴露恰恰是源于彼此意见的分裂。如果所有人基于共同的价值观，或是信奉唯一的普世价值（假设世界上的确存在普世价值），那么大家都在同一个茧房内，全世界就是一个大茧房，那就等于没有茧房。只有彼此意见不同，又互相固执坚守自己的理念，才会发出“对方在茧房里”的感慨。所以要讨论茧房的源头，先从意见的分化开始。

意见的分化有很多原因，这里仅从社会和经济的宏观角度探讨这个大时代下最令人瞩目的几点：中产阶级的消失、散装人类的游离、情感支撑的断裂。

中产阶级的消失

人类社会的历史，是资源冲突的历史，也是利益分配的历史。

经济学、政治学、社会学的研究，总是绕不开这个终极话题——人类劳动成果的蛋糕怎么分？关于这个问题，我们研究、辩论、争执、开战、大屠杀、和解，我们终于定下了马马虎虎、缝缝补补了几千年的规则，勉强让大多数人服气，才有了现在些微的和平，或者说局部战争但总体和平、不至于大规模敌对的平衡。

这个暂时和平的局面，从二战结束开始算，不到八十年；从冷战结束开始算，不过三十余年，与人类文明不足万年的历程相比，实在短得可怜。所以我们分外珍惜这些用无数鲜血换来的普世法则，譬如民主、文明、和谐、自由、平等……

大多数现代人，基于现代观念，已经不能接受过去的观念，譬如一个人仅仅因为出生在哈布斯堡家族就有了统治欧洲的权力，或是一群人通过殴打、强迫等手段逼另一个种族的人给他们摘棉花。我们认为黑人和白人可以上同一个公共厕所，认为孩子也可以随母亲姓——得益于中国曾革命得相对彻底，当代大多数中国人会觉得这些不辩自明，但在世界上的其他很多国家，即便是看上去十分体面的发达国家，这些原则畅行无阻的年代也比我们想象得要晚得多。

大多数人认为同工应该同酬，如果没有，我们会觉得被伤害了，而不是理所当然安之若素。我们认为劳动应当获得合理的回报，认为劳动者应当有合理的劳动保障和生活水平。对此，全世界的开化地区基本达成了潦草的一致，但问题就在于，“合理”具体是什么程度？

同样一份工作，在美国7.5美元/小时已经是最低薪资，但在中国，一个做袜子的女工的最低工资大概是3美元/小时，而在孟加拉国，68美元就能雇人在制衣厂工作一个月。不同经济发展水平的国家，有不同的“合理”薪资。

《共产党宣言》说“全世界劳动者，联合起来”。但现在的事实是，基于巨大的地区差异，劳动者没有联合起来，全世界的资本家先联合起来了。劳动者肉身一具，行动范围有限，但资本可以轻轻松松地在全世界畅通无阻地流动。资本的每一次流动，都会让一群人受惠，让一群人受害，在受惠和受害之间，即便同为一个阶层，也会因为利益的不同，而有了“意见”的不同。

一个美国，两种表述。

以美国为例，这是世界上基尼系数最高、收入分配最不公平的发达国家。

2020年美国大选，在投票白热化时期，你若住在“摇摆州”的社区里，能感受到“明天就要内战”的硝烟：邻居们纷纷在自家草坪上祭出支持特朗普或拜登的标语旗子，展示自己的立场。常见拜登支持者和特朗普支持者隔篱而居，两面旗子楚河汉界，剑拔弩张。

据说这是美国内战以来选民意见最为对立的时期。这是一个前所未有的分裂的社会，这是一个中间派消失的社会。民主党比之前的民主党更激进，共和党也比之前的共和党更保守。两个美国，各自表述，各自在各自的茧房内坚定信念。能感觉到当时双方都没有关心对方在讲什么，只是在不断地输出情绪和意见。民主党人曾指责特朗普“分裂了美国”，但这显然不是一个人能做到的事，特朗普顶多是代言了那个被“分裂”出去的美国。

2016年美国总统大选，最后起关键性作用的选票来自锈带和南方农业州。或者说，是锈带[1]产业工人和南方农业州的农民把特朗普拉上“神坛”。他们与来自大城市、大学城的选民有着截然不同的理念。一个锈带制造业工人和一个加州购物网站的CTO，他们的意见差异，根源在于利益分配的差异导致的立场差异，以及由此引发的各个观念的对立。

我们经常会说“美国怎样怎样”，但当你身处美国时，会发现美国并不是铁板一块，美国“精分”得厉害。过去的几十年，是经济全球化的几十年，尤其是制造业的全球化。从全球化中受益最多的，是美国。美国凭着资本、技术、美元地位等“收割”全世界。

---

1 锈带（Rust Belt）是对美国自1980年代起工业衰退的一片地区的非正式称呼。它主要由五大湖区城市群组成，不过界定不尽相同。“锈”（Rust）指的是去工业化，或者由于曾经强大的工业部门萎缩而导致经济衰退、人口减少和城市衰退。

假设美国资本家雇美国工人做一双袜子要2美元，现在他们通过制造业转移，花0.2美元让中国人帮他们做袜子。美国资本家的收益为+1.8美元，中国制造业的收益为+0.2美元，美国工人的收益为-2美元。于是美国工人就骂资本家唯利是图。工人什么都没做错，突然就失业了。美国资本家说："你去骂中国人吧，是中国人抢走了你的工作！"中国人当然不背这锅，中国制造物美价廉，又有何辜？

再假设，之前本地商店卖袜子给本地人，用某部英剧的话说，就是"This is a local shop, for local people"。几十年间，Amazon等电商崛起后，线下零售业备受打击，本地中小商业快速萎缩。怪谁呢？总不能怪代表先进生产力的电商。

那这到底是谁出错了呢？

美国政府。

湾区资本家在做制造业转移的过程中，赚到了跨国的剪刀差，伤害到了本土的产业工人，自然应该跟他们收点税去安排下岗工人再就业。

互联网，这个持续几十年的风口行业，已经成功地把硅谷的房价抬过了纽约。大企业利用其技术、资本、身份（理解为"美国户口"即可）优势，轻松"收割"各个国家本土栽培多年的精英，制造新的互联网帝国。湾区科技巨头站在无数码农的肩膀上，说"我们喜欢移民，我们要更开放的移民政策。"

与此同时，南部农田里的白人中低收入者因为墨西哥移民的大量涌入，不得不调低他们的薪水预期。

如下面的第一张图所示：1980年，美国前1%的人获得约11%的国民收入[1]，到了2015年，这个比例变成了20%；而底部50%的人在1980年获得约20%的国民收入，到了2015年，这个比例变成了13%。第二张图显示：以上两个比例在35年间，在欧洲的起伏并不大。以上两张图的对比，说明相对于西欧，美国的贫富差距在35年间加剧得更为迅速。

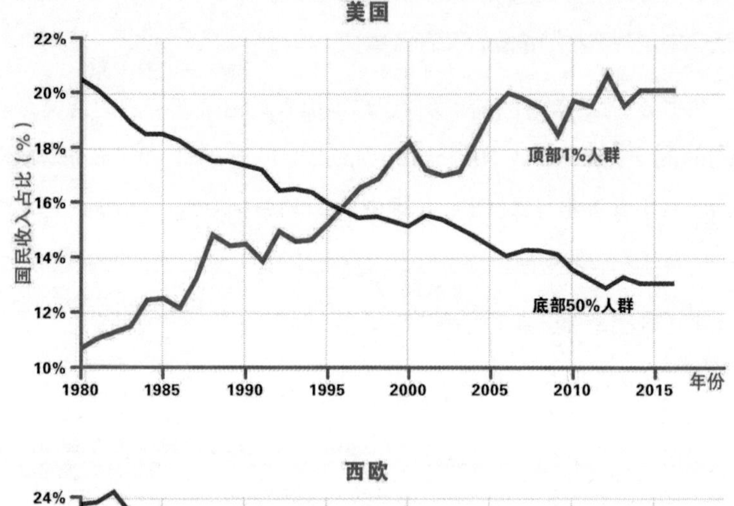

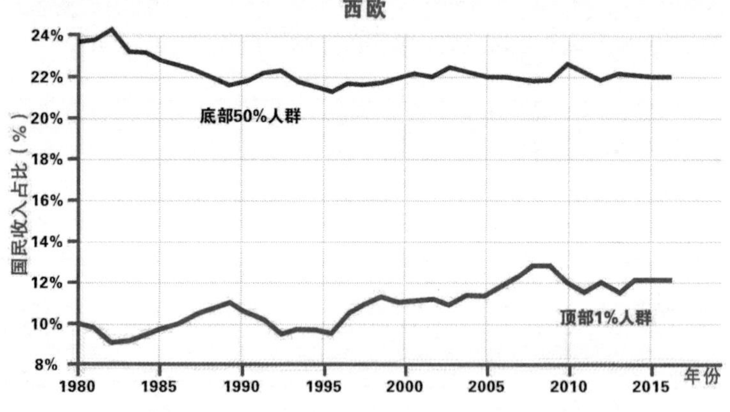

1 国民收入，即National Income，指一个国家在一定时期（通常为一年）内物质资料生产部门的劳动者新创造的价值的总和，社会总产品的价值扣除用于补偿消耗的生产资料价值的余额。

“顶部1%人群”的那条线代表做袜子的传统资本家和做互联网的湾区科技巨头，“底部50%人群”的那条线代表锈带产业工人和南方农民。共和党和民主党的支持者们，利益割裂、诉求相反，虽然是同一个国家的公民，却恍若身处两个美国——锈带红州是一个美国，东西海岸大城市是另一个美国。这是美国意见分裂最根本的原因。有人占了便宜，有人利益受损，有人站在风口，有人觉得被剥夺被伤害。

对中国和墨西哥的基层劳动者而言，每小时8美元已经是不错的回报，对美国曾经辉煌一时的劳工阶层而言，这无法负担他们一直以来的生活成本，这是倒退。这给他们一种被剥夺感。

受益者却不认为这和自己有什么关系。他们找准了政治正确的道德高地，睥睨众生：嘴上说绿色环保，他们关闭煤矿，但不解决煤矿工人的生计问题；嘴上说关爱低收入群体，他们提高最低工资，但不关心因此减少的基层岗位和因此增加的失业人群。

2020年，特朗普竞选连任失败，但“两个美国”之间的巨大鸿沟并没有因此消失，甚至有所扩大。在公共意见的分裂上，这些年人们说的最多的话是“中间派消失了”。中间派的消失有很多原因，一个最基本、最朴素的原因是“中产阶级在消失”。

一个高速发展的硅谷，一个加速衰落的锈带，被伤害者和既得利益者构成了两个最大的茧房。一旦落入群体的茧房之中，就像落入信息的黑洞，一切交流、反思、调整、重构都停止了。你是什么身份，你就相信什么东西，周围只剩下重复的声音。

在茧房的一方中，有人至今相信新冠肺炎病毒不存在，是比尔·盖茨和福奇联手欺骗他们；有人在疫情严重时无防护地开展几十万人的摩托车手聚会，千里奔袭把酒言欢，亲密接触各回各家，迅速把南北达科他州

——两个人口密度极低的州的ICU资源耗尽，成为当时全球新冠肺炎死亡率第一的城市；还有人坚持认为地球是平的。[1]

在茧房的另一方中，有人相信环保是最重要的议题，中国人如果吃更多的肉类海鲜，会让地球不堪重负——决然不提西方发达国家的肉蛋奶消费量远远高于中国；有人认为身材不可被评价，自信的人最美，所以即便一个人体重400斤面临生命危险，我们依然要讴歌她是美的；有人知道家猫的天性是捕猎，却无视家猫对城市鸟类和爬行动物的伤害，要求放任宠物猫自由出入家门。

两个茧房中的很多人本来属于同一阶层，伴随中产阶级的分流和撕裂，他们的意见也分流和撕裂了。很多时候，意见的分裂，来自阶层的分裂；信息的茧房，来自基尼系数的茧房。用老派的话来说，这是美国人民内部矛盾，这是帝国主义内部阶级斗争的必然。

类似的现象不仅存在于美国，此处以美国为例只是因为这是一个两党制国家，意见的分裂更为清晰。近年来，欧洲国家极右翼势力沉渣泛起，印度民族主义回温，中国网络意见中各种对立加强。这些现象，看上去都是意见的分裂，深挖下去，或会发现意见之下都是利益的纠缠。在时代板块的震动之下，某些人的利益正在被伤害，某些喉咙被压迫着发出变了调的声音。

散装人类的游离

如果说中产阶级的消失只是让意见更趋于极端化，那么人类个体的“原子化”生存状态，则是让意见更趋于碎片化。

1 基于汉语的天然优势，这在中国很少成为问题。中文把地球叫地“球”，既然是“球”，肯定不会是平的——某种基于翻译语言的零成本科普。

供应链管理中有个概念叫“零部件标准化”，是指通过对零件的结构要素、尺寸、材料性能、设计方法、制图要求等制定出大家共同遵守的标准，并按照此标准来生产零部件。零部件标准化能使零件互换性更强，生产、制造、维修上的成本更低。

虽然兵马俑的弩机、马其顿的长矛、罗马的投石车都有统一规格的部件，但一般认为真正意义上的“标准化部件”大规模启用源于美国南北战争时期的枪支制造。用这些“可替代性部件”装配枪支，大大提高了枪支的生产效率，降低了生产和维护的成本。只要一支枪的设计图纸一样，部件就可以随便更换。这么多年过去了，美国制造业一直沿用这种思路。

不仅工业配件被标准化了，劳动力也“可替换”。大到董事长总经理，小到清洁工保安，缺了谁公司都照样运转。在成熟的现代化大企业中，只有企业架构是不能换的，企业架构，就是南北战争时枪支的设计图。

现代企业发展的过程，就是企业把“不可替换性”收归公司、把“可替换性”释放到劳动者的过程。

很多时候，设备越贵越高级，需要的基层劳动者的技能培训的总量反而越低，可替代性越高。譬如厨师王刚切墩儿手艺不错，用练了多年的手艺，用最普通的菜刀、砧板。如果在传统行业，那么手艺是自己的，菜刀、砧板属于生产资料归公司所有。但如果是一家做净菜的公司，不会请300个王刚切土豆丝，更愿意选择用高级的带马达的花刀切，然后雇一个初中毕业生去按马达的开关和填料。

在这里，王刚的手艺是很难被随随便便替换的，但按开关的初中毕业生可以随时换一个，他的可替换性比大师傅高；同时，普通菜刀和砧板随时可以再买一套，带马达的商用切菜设备价格更贵，可替换性不太高。在这个“用初中生替换大师傅”“用商用设备替换菜刀砧板”的过程中，不可替换性（设备和技术）流向公司，可替换性（廉价劳动力）流向个人。

从南北战争起，可替换的东西就比不可替换的便宜。日本人这些年很热衷搞“匠人精神”，这只是一种文化宣传。真正以“匠人精神”作业的都是不那么景气的小作坊，没有一家现代化大公司搞“匠人精神”立足。大公司要“匠”也是“匠”机器而非“匠”个人——机器是公司资产，人的手艺不是。人走手艺走，人死手艺死。

当代人去看过去的工人运动，往往会不自觉地被那种时代气象感动。那个年代的工人的确有这样的底气，因为当时的产业工人数量多，而且多多少少掌握一些技术，具有一定的不可替换性，工人一旦罢工，企业难以迅速招到足够的工人恢复生产。而现在，一则产业工人人数大大下降，二则可替换性大为上升，培训三天就上岗的工作，不太会怕招不到人。

国际化大公司走的路线，皆是如此：尽可能提升设备的技术含量，减少工作人员的数量，对于不值得减少的基层工作人员，则尽可能降低其工作门槛，让工作变得简单，最好一个初中毕业生都能做，以减少劳动力成本。

日本招工制度分正式工和派遣工，前者是“亲生的”，好好培养用他一辈子，不可替换；后者是随取随换的，价格便宜。《广场协议》后日本经济不太行，企业的做法是尽可能减少正式工，增加派遣工。这种管理思路发展到极致，就是——

1. 能外包的都包出去；
2. 能签短期合同的不签长期合同；
3. 能签委托合同的不签雇用合同。

短期合同要是发展到极致，能有多短呢？一个月？一个小时？甚至可以十分钟。这就是Uber、滴滴、美团。

短短几十年间，在几次产业调整、科技进步以后，美国曾令人闻风丧胆的工会力量就式微了。从经济角度看，一方面，是因为大量工作岗位被自动化设备所替代，工人的数量越来越少；另一方面，是因为自动化设备的发展，对工人技艺的要求下降，缩短了操作者培训上岗的时间，使工人的可替代性越来越高。这是一个“生产力被资方收归”的过程，资方由此获得了更大的话语权。

近年来随着家庭规模的缩小、人口流动性的增大、工作时间的增加，工作、职业渐渐成为个体身上最鲜明的标签，也是自我认知最重要的评估项目之一。而劳动者的可替换性不断加强，不安全感倍增。当代人或许对这个国家、这个大时代有强烈的归属感，但对职业、工作、公司/单位的归属感在不断下降。程序员35岁危机、某大厂声称每年向社会输出 1000 名工作 10 年以上的人才、考公热/考编热，无不反映了该社会现象。

我们知道《桃花源记》里的人类活在一个紧密联结的熟人社会中。在这样的熟人社会中，人们所有的家庭关系、职业关系都在同一个空间进行，人与人之间的联结天然存在。离开父母就会当上父母，离开师傅就会成为师傅。但现代社会，很多人单身、和父母隔着千里，现代公司也无法提供古代师徒关系式的人身依附，人以游离态飘浮在城市空间。人是自由的，同时也是“散装”的。

茧房的发现，需要一个先破后立的过程。那些曾经以地域、宗亲、行会联结的旧式茧房是如此之坚固，乃至我们从没意识到那是茧房。生于斯，长于斯，密闭于斯，死于斯——那是我们身体的一部分，韧带连着骨头，血连着肉。人摆脱了地域、宗亲、行会的桎梏，同时也失去了地域、宗亲、行会的庇护。茕茕孑立，四下无依，终究不能给人以安全感的满足，于是又去抱团，去取暖，去寻找自己更喜欢的观点和更信任的人，一团团一簇簇，如鱼卵般重新团结成块。这时候，信息茧房，是游离态的散装人类对旧日时光的怀念和重现。

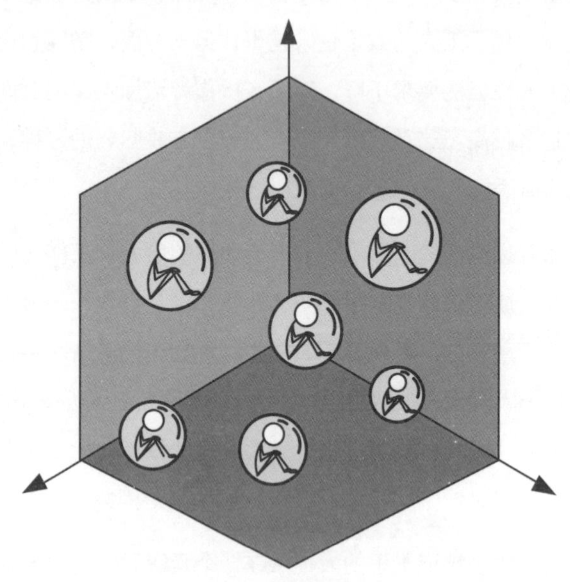

情感支撑的断裂

当代年轻人喜欢说自己“社恐”，害怕社交，害怕与人面对面说话，乃至害怕打电话接电话。但如果我们把传统社交范围扩大到“互联网社交”，就会发现大家一个个都是社交狂人：使用多款社交软件，家人朋友同好分得清清楚楚；在同一款社交软件中使用多个账号，工作娱乐分得清清楚楚，甚至娱乐A、娱乐B各得一个账号，追某明星一个号，“爬墙头”换一个号；每天登录社交账号，甚至每隔几分钟就要刷新一下，确认是否有新的消息。

人是社会性动物，社交是刚需。再缺乏归属感的人也渴望在领域中被认可、被交流、被分享信息，无论那个领域有多么狭小——即便是所谓的“冷圈”。人在这种信息交流中建立起情感的支撑，以支撑他们的精神世界。

这种情感支撑可以寄托于人，也可以寄托于物。在传统社会中，人们通过家庭关系、亲密关系在熟人间建立情感支撑，也会在工作、爱好上建立这种支撑。陈景润在数学上建立情感支撑，除了研究数学，别的一概不感兴趣。林黛玉在贾宝玉身上建立情感支撑，贾宝玉娶亲，她就抑郁而死。有些传统的日本男性，于家庭没什么情感沟通，无非是家庭的赚钱机器，失业后便容易走向极端；有些一心“鸡娃”的全职主妇，没有工作也不爱玩，孩子成绩不好，她便寻死觅活：都是因为他们的精神健康只依赖一根承重柱。

一个稳定的精神状态，需要构筑多个情感支撑，也需要每一个支撑足够牢固。就像一幢稳固的房子，需要好多面承重墙，也需要每一面承重墙里有足够强度的钢筋。

一般青少年的人际关系较为简单，换言之，青少年的承重柱更少，他们只在学校和家庭之间做单摆运动。

在长期居家学习这种寂寞孤独无枝可依的心境之下，向外以各种路径寻求情感支撑便十分有必要。相对于家庭、学业、职业这种“承重墙”，基于共同“意见”而达成的圈子更像是“配重墙”。有人问：现在的年轻人怎么有这么多“圈子”？

所谓“同好圈”，便是家庭、学业、事业之外的情感依托之地。一起追星的姐妹，一起看球的哥们儿，一起打游戏、穿汉服、玩模型的朋友，这些人的圈子构成了新时代强有力的情感支撑，让我们的精神变得更强壮更健康。某些时候，这些圈子甚至能提供家庭和公司都无法给予的安全感。

然而也有一些奇奇怪怪的圈子，譬如上文中提到的美国认为“新冠病毒都是阴谋”的白右圈子，不相信现代医学、热衷于自然疗法的硅谷白左圈子——他们因为同一个意见联结起来，构筑一个群体的茧房。他们从茧房中失去真相，也从茧房中获得力量，像是一个与魔鬼的契约：某些人自愿交出灵魂，以交换力量。

2.2 分装意见&组装意见

爆款观念

我们的意见是如何产生的？

这是一个哲学命题，也可能是神学命题。

从非哲学神学的角度看，人的脑子像一个工厂，源源不断地进行来料加工。你看到什么听到什么经历了什么，都会成为工厂生产资料的一部分，加工后产出你自己的观点。如果你想通过设置、调整设备参数以产出某一特定观点——对不起，这恐怕不行。这是黑盒测试，我们也不知道工厂里发生了什么，我们只能看到什么东西进去，什么东西出来。

如果我们能弄明白其中的机理，把黑盒变成白盒，那一定是有非常强大而恐怖的技术。电影《盗梦空间》原名为“Inception”，本意是“植入”。这个科幻电影中有一个设定，说人可以进入他人的梦境，通过梦境里的活动，在他人潜意识中植入某个观念。这种观念一旦被植入，就难以根除，就像种子生根发芽，长成大树。最初植入的小小意象也会逐渐强壮，慢慢变得牢固不可动摇。最妙的是，因为是在别人的脑子里做手脚，当事人会坚定地认为那个被植入的“观念”是他自己的想法。

譬如有一个皇帝，近臣向他暗示太子有不臣之心，他可能不会信，反而会怀疑这个大臣勾搭了其他皇子。但如果造梦团队为他搭造一个被太子手刃的梦境，然后他从流血惨死的噩梦中醒来，久而久之他会真心相信儿子有觊觎皇位之心，并坚定地认为这是他本人的想法，不受任何人控制。心理学上有很多种理论可以用来解释这种想象，我将在下一章用一整章的篇幅来分析。

如果家长获得了这种技术，偷偷给孩子用，问题儿童瞬间变成勤奋乖顺的好学生；如果公司股东获得这种技术，偷偷给员工用，从此不用打卡机，积极奋进“996”。这是制造“观念”的技术，是控制人心的技术，是傀儡巫术。

初生的婴儿是一张白纸，一个人所有的想法都来自外界投射给他的信息，经过“主观”这个黑箱一番处理后，输出他“自己”的意见。我们的技术还无法去控制“主观”，但可以改变输入的信息，去影响、改变、说服一个人。

比如厂商并不直说“请你买××牌内衣”，而是说“做女人，挺好”，通过制造“女性应当如何”的价值观，去暗示消费者通过购买该品牌内衣，做一个所谓的“好”的女人。再如某钻石行业协会的活动营销文案“For Me, From Me”，还是通过制造“女性应当如何”的价值观，去暗示消费者通过购买天然钻石，做一个“真我”女人。

为什么上面的内衣广告似乎很物化女性，而钻石广告看上去很女权呢?

本质都是吃饭，吃相却有好坏之分。厂商制造出来的观念，最后还是要看消费者买单不买单。男权强势，他们吃男权的饭，帮助女性讨好男性；女权抬头，女性结婚率下降，结婚钻戒不好卖了，他们改吃女权的饭，号召女性给自己买钻戒“犒劳自己”。通过观念的输出，改变受众的消费意愿，这是广告行业做了上百年的事情。

可见意见是可以并正在被商品社会大规模制造、输出的。在网络海量的信息下，人们被汹涌而来的信息流包围，很容易把这些信息流给定的意见认为是自己“独立思考”的结果，相信自己能于洪流之中屹立不倒。谁利用好这些，谁就掌握了控制舆论、操纵人心的钥匙。近年来，在自媒体、短视频领域异常火热的“财富密码”现象，就是对这种意见制造的最强注脚。

财富密码，即商品化的“观念”的“爆款”，类似服装领域的“爆款”。观念的输出者本人不需要相信这个观念，正如平价服装的掌门人本人不需要在生活中穿自有品牌。

“爆款”是对“观念”在商业价值上的评价，而非道德维度的评价。“爆款观念”可以是道德的，比如爱国、平权、敬老；也可以是不道德的，比如种族歧视、阶层歧视、身材歧视；甚至也可以是合二为一的，比如平权密码和阶层歧视密码，合二为一，就可以产出类似“女孩子绝对不能下嫁”这种伪平权的“缝合怪”。

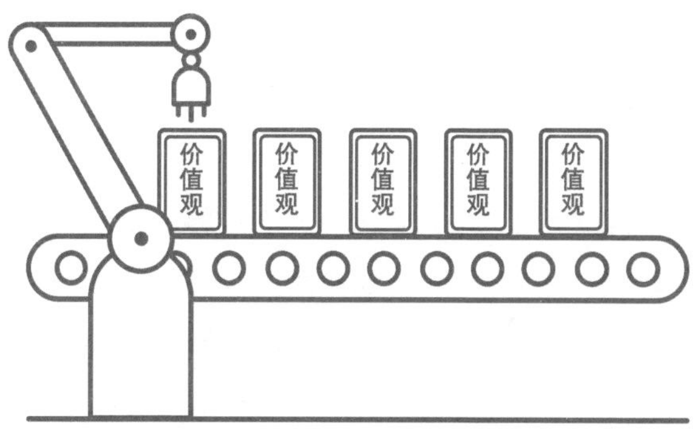

“爆款观念”本身就是区域性、小范围、茧房内的普适价值观——不普适也不至于爆款，不会有人为之真心实意地去信仰；但关注“爆款观念”的风向变迁，倒不失为一种极有意义的社会观察，值得记录成册，可作为新时代的“二十年之怪现状”的记录。

分装意见

在消费品市场上，产品线的增加有利于增加销量。

譬如同品牌的橡皮，假设销量是1万块。现在把它拆成两款，做男款橡皮、女款橡皮，只需换个包装，销量可能就是1.1万块。也可以拆成三款，小学专用、初中专用、高中专用，或是再增加一个“考试专用橡皮”，这些产品线的扩充都有利于销量的增加。这种做法会把消费者分得更细，会让消费者觉得这个产品更贴合我的需求，激发更强的消费意愿。

基于同样的原因，很多笔记本、饮料都做过“十二星座”或“十二生肖”系列的产品。2022年，饮料品牌王老吉的“姓氏图腾”活动，提供115款姓氏，如“李老吉”“杨老吉”等，推出三天，迅速占据天猫平台饮料类目日销量榜首。比起只做一款产品，这样做的单位成本增加了，但总销量也上去了，利润的绝对值或可以更高。

历史上曾经有一款知名的电视广告——

> 女声：哎，你老公最近脸色不错呀。女声：他呀，净用我的大宝SOD蜜了。
>
> 男声：又用我的呀？男声：我……我那瓶都让我老爸用了。
>
> 女声：感觉怎么样？女声：吸收特别快。女声：挺舒服的。
>
> 男声：我跟我媳妇说呀，你也弄瓶贵点儿的呀，可人家就认准大宝了。
>
> 女声：大宝，明天见。男声：大宝，天天见！
>
> ——1999年“大宝SOD蜜”央视电视广告

如上的大宝SOD蜜广告，它的广告诉求之一是“男女老少都可以用”，这在当时非常合适，因为当时的护肤品市场一片空白，还没有充分竞争。但放在现在就不行了。现在的护肤品，尤其是女性护肤品，产品线细化做得登峰造极。

众所周知，人只有一张脸，所以产品线细分的角度必须丰富多彩。

最初根据“使用场景”做区分：日用，夜用。

接着根据“使用对象”做区分：面霜、眼霜、颈霜……

“使用对象”还可以根据肤质细分为：干性肤质、油性肤质、中性肤质、敏感肤质……

“使用对象”还可以根据年龄细分为：老年人、中年人、年轻人……

之后根据“产品功用”做区分：化妆水、乳液、精华液、精华导出液、乳霜……

还可以根据“产品特性”做区分：超浓缩、清透型、水润、无油……

还可以根据“用户诉求”做区分：提拉、紧致、保湿、抗衰老、亮白、祛痘……

上面这些分类法还可以叠加，理论上可排列组合出上百种产品，比如“××加强版夜间修护眼部抗皱特润精华露”，这就是为什么这几年的护肤品产品名长度堪比西太后的谥号，永远有一箩筐的定语叠加。

如果按照厂商指导意见，晚上睡前不在脸上涂三层以上护肤品，那就是“不够爱自己”的女人。曾经有个专业科普自媒体出过几期文章，介绍“眼霜为什么是没有必要的”，等该自媒体走红后，他们开始做自己的护肤产品，竟然偷偷删了那几篇文章，且偷偷出了眼霜。

在这里我们先不做“护肤是否需要将这么多产品叠在脸上”的讨论，但我们起码可以确定这样繁杂的产品线策略有利于销售额的增加，并符合厂商利益。厂商会不断强调其中细微的差别，强行拉开产品和产品之间的差别，“千万不能用错”“熟龄专用”“颈部专用”……

当代，随着自媒体的兴起，“意见”已经成为一种重要商品。意见可以被制造、出售、囤积、购买，也可以买一送一，也可以预订配货。实体商品有细分的产品线，“意见”这种虚拟商品也有。

近几年来，中国自媒体行业增速惊人，无论是增量还是存量，都是一个庞大的市场。在这里，“意见”的产品线也在被人工细分。我从一位专业人士那里打听到一个词，叫“公众号矩阵”。同一家公司、同一拨运营团队旗下，可以有多个账号做细分市场。有些公众号矩阵在同一题材下，会做一个政治立场全覆盖，立场左中右、阶层上中下一网打尽。好比《龙与地下城》游戏世界观的阵营划分，总有一款适合你。

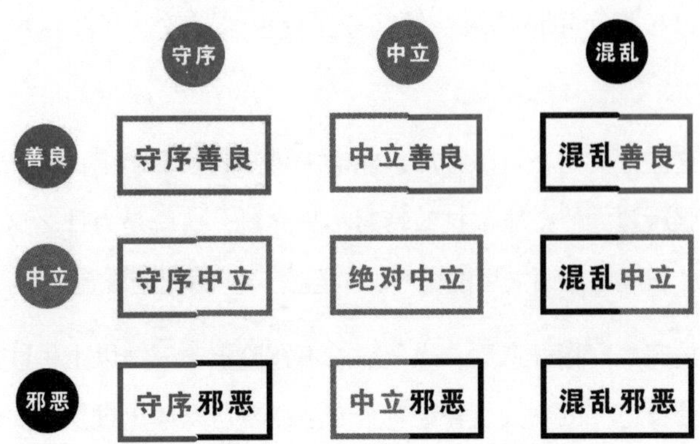

举个例子。《武汉的悲剧，我在日本看了遍重播》《疫情中的日本，不全是你想象的那样》《不要出门！不要唱赞歌！不要忘记正遭受的苦难！》《没有澳洲这场大火，我都不知道中国33年前这么牛逼》：这4篇爆款“10万+”的公众号文章，立场各异，来自三个公众号，同一家文化公司。这种操作远远胜过只建立一个男女老少通吃的公众号。这是“意见”领域的垂直营销。

如今，“意见”已经可以像自助餐一样随时供应、品种繁多、任君选用。对于社会热点，无论你持有怎样的立场怎样的倾向，总有一篇“10万+”的文章适合你。不仅仅是“10万+”的文章，还有视频号、微博等各种意见的“销售”平台——“意见”的销售并非一手交“意见”一手交钱，而是一方明的暗的硬的软的以各种方式输出意见，同时以硬广、软广、点击、推广等各种方式收钱。“意见”也不仅仅在自媒体上销售，游戏、影视剧、品牌形象故事、新闻等诸多文创传媒产品都可以搭载“意见”。

组装意见

讲到这里，是否觉得这里的“意见”和前文的“爆款观念”有相似之处？的确，前文讲观念的制造，这里的“意见”其实是观念的拆分，而拆分是为了更好地组装。

举个例子，很多人会感慨，工业强国美国的蔬果品种为什么这么少。

以苹果为例，18世纪早期，美国有大量的商业苹果园，种植园主们热衷于培育与众不同的苹果。20世纪初，美国有14 000余个苹果品种。20世纪50年代，随着工厂化农业的发展及大型物流链的形成，大部分苹果品种消失了。到20世纪90年代，市场上主要流通的苹果品种只有11种。这11种并不是最好吃的苹果，而是兼具成本、口味、耐腐程度、耐储存度多合一的总分冠军，或者说，这是11种最具商业价值的苹果。

有产品线的分化，就有产品线的压缩，这两种现象可以同时存在。正如在美国可以轻松买到200种花花绿绿口味各异（即香精和色素各异）的苏打水，但不容易买齐20种绿叶蔬菜。正如在网络上可以轻松接收到200种各个领域极端言论的声音，但当季最火最时尚的打扮不会超过两种风格，经常一夜之间满大街的人都顶着同一种妆容，穿着同一款裙子。

这种意见的共同性、一致性，是如何被引导的呢？

众所周知，产品线的间距必须要拉得足够大才有区分度，护肤品往往只出青春版和熟龄版，并不会出24岁版、25岁版、26岁版；奶茶也常常只有半糖和全糖，并不会出15克糖，16克糖、17克糖。久而久之，中间派的25岁，不得不在青春版和熟龄版中二选其一；中间派的75%糖爱好者也只能在半糖和全糖之间做出决定。因为，消费者只能在被制造出来的商品中选择。

相比实物商品，“意见”的细分比护肤品的细分更微妙一点，因为意见和意见之间的使用边界并没有护肤品那样清晰。模糊边界非常不利于做产品线的区分，而“意见”的产品线必须要拉开足够大的间距才有区分度，于是，“意见”制造商纷纷出台极端意见：激进的女性主义者 vs 鲜明的“厌女”人士，反婚反育丁克到老 vs 年少辍学想生男宝，……你在KOL[1]那儿能听到的基本都是类似的处于极端值的意见，自然，“意见”的消费者也只能在被制造出来的“意见”中做出选择。

掐指一算，微博的意见输出型大V很少有不是“大牛”的，热帖很少有不出现“极品”的。热帖、10万+、热门电视剧中的经典形象往往是极有控制欲的婆婆、极不尊重妻子的丈夫、不上班还极其败家的主妇、极端抠门的相亲男等，每一个细节都踩在人的痛点上，制造出一个个匪夷所思但充满话题的人物形象。

受众意识形态的极端化是近年来的热门研究领域。该现象的背后有很多基于社会学、心理学、社会心理学、传播学的原因，但如果独辟蹊径从营销学角度考虑，产品线的规划思路也具有很强的解释力。

“求同存异”的君子之道有社会价值，但缺乏商业价值。“求异不存同”才是实战操作的常态。“求异”除了有利于分化产品线之外，还能增加KOL的流量，进一步刺激KOL输出极端价值观。譬如某平台的规则是按粉丝留言量给博主分成，于是，为了刺激粉丝说话，博主纷纷下场发布极端言论，挑起粉丝对立情绪。

很多人都有这样的经验：在网上两个人意见一致的话，很难激发讨论量；但是如果两个人是对家，一吵起来那就没完没了，论坛高楼往往都是板砖飞出来的。

在过去的年代，绝大多数人都不是极端主义者，而是在0和1的二极之间，中间偏左或是中间偏右。近些年来，“二极管”越来越多，非0即1。作为“意见”的消费者，不是我们不再温和、中立，而是“意见”消费

1 KOL，即Key Opinion Leader，是营销学上的概念，通常被定义为：拥有更多、更准确的产品信息，且为相关群体所接受或信任，并对该群体的购买行为有较大影响力的人。

的年代，温和、中立的声音不再被生产，并被稀释了，受众（或者说消费者）已经听不到中间派的声音了。久而久之，受众的观念也会极化。

就这样，“意见”成为商品的年代，商业逻辑让“意见”分化，“意见”的分化又让消费者的观念聚类、极化。“人以群分”以后，信息茧房的轮廓渐渐显现。

2.3　数字资本主义：剩余价值的极限在哪里

在前两节中，我们已经关注到意见如何被拆解、扭曲、制造、对立，以及意见的光谱如何被重新分布。当散装人类遇到被包装的意见，接下去就是给“个体的人”匹配“爆款的意见”，类似把小玩偶塞进包装盒里的作业，只需一条简单高效的装配流水线。

或可以这样打一个比方：人，原本以自己的意见和偏好活着，好似原生林。原生林里的植物高低错落，多姿多彩，植物们有大大小小的自然聚落。但这种多样化并不适合工业化资本作业。工业化需要先把原生林夷为平地，然后牵经布纬，横平竖直地种上商业作物，这一个方块是烟草，那

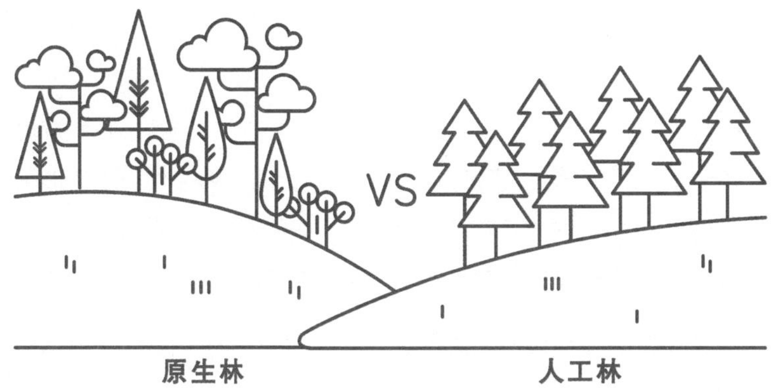

一个方块是咖啡。自然聚落中的野生玉米们先被打散，再被基因改造，然后用机器整整齐齐种上一块玉米田。当下，人也经历了这个过程——人的观念被打散，人的意见被聚合。和机械化玉米田类似，相似的玉米有着相似的高度、相似的成熟周期，用某种声音把相似意见的人吸引到一起，才利于大规模收割。

人性与饵钩

网络让你有机会认识兴趣相同的人，不管这兴趣多特殊、多疯狂、多大或多小。

——美国知名科技公司风投人David C. Bohnett

人总是喜欢听到支持他们意见的观点，这是不言自明的生活经验。譬如出售房产、股票后，人会忍不住继续追踪房价和股票的涨落，是因为我们总是期待听到支持自己“做了明智决策”的声音，即便此时已经毫无利益关系。

我在台北工作时，曾经有个跟我很熟的台北人问我，为什么贵研究所几个大陆人总是一起出入，他想问的应该是“为什么你们喜欢抱团”。我问他，“你T恤上的‘雄友会’三个字是什么意思啊？”他说：“这是高雄人在台北的同乡会。”

所以，从高雄到台北，350公里，高铁一个多小时直达，你好意思搞北漂（台北漂）同乡会，那我当然好意思约大陆人喝茶啦。生活那么辛苦，总要找一个舒适区休息一下。同乡会，算是传统信息茧房的一种。和自己背景相似的人相处，交流更轻松，也更容易被认同。

人性种种，人不仅想要被认同，还想要成功，想要有钱，想要欲望的满足，怨憎会、求不得、爱别离，贪嗔痴慢疑……大体都是相通的，这给数字资本主义操弄人性以机会。类似当渔民知道鱿鱼有趋光性以后，就可以趁着夜色出海，在茫茫南太平洋点起大灯，愿者上钩。

信息监控

曾经有这么一场官司。一个外卖员在送餐途中被撞伤，希望外卖平台给予工伤待遇。如果是一般的雇拥关系，根据《工伤保险条例》第十四条第一款规定，“在工作时间和工作场所内，因工作原因受到事故伤害的，可被认定为工伤”。不仅如此，上下班途中受到非本人主要责任的交通事故，也可以认定为工伤。但现在的问题在于，外卖员和外卖平台属于“雇拥关系”吗？

北京市人力资源和社会保障局的官员曾经和两家网络数据平台的代表开过一次会，当被官员问到工伤赔偿时，平台代表表示“他们没有固定的工作场所，我们不提供劳动工具。在工作当中产生的行为，我们没法完全直接负责任。”

这个回答很值得讨论。在传统行业中，企业提供生产资料，员工提供劳动力。比如纺织厂，企业提供原料和纺织机；家具厂，企业提供木料和车床。这里关系到一个非常重要的问题：对于外卖平台而言，什么是生产资料？办公楼、打印机、服务器毫无疑问是生产资料，用户数据、算法、分配给外卖员的信息是生产资料吗？

用发展的眼光来看，“信息”不但可以是生产资料，可以是原材料，还可以是生产工具，还可以是企业的核心资产，还可以是产品。

早些年我在台北遇到一个案例，台湾某企业正在研究大陆的品牌“小米”。当年小米的主流业务还只有手机，介绍者始终在强调“小米是一家互联网公司，不是传统手机制造商。”那么互联网公司做手机和传统手机制造商做手机有什么根本的差别呢？一言以蔽之，前者的核心竞争力是“信息”，或者说，是数据。

纵观所有互联网巨头，用户数据可以说是核心资产。2017年，顺丰快递和菜鸟驿站突然对掐。菜鸟驿站是一家阿里持股的物流公司，是基于顺丰、申通、圆通等快递公司搭建的一个数据系统。顺丰说菜鸟封杀了丰巢，菜鸟指责顺丰关闭了数据接口。一时间针尖对麦芒，神仙打架，谁也不松口。最后惊动了国家邮政局，强调“要讲政治，顾大局，决不能因企业间的纠纷产生严重的社会影响和负面效应”才抚平事态。这场大战明面上是说“用户信息安全”问题，背后其实是信息话语权的问题。

对于互联网企业而言，用户信息不仅能为企业带来利润，更是其安身立命之根本。这些数据，既有常规的姓名、地址、手机号等用户背景资料，又有具体某次点击、输入、浏览、页面停留、购买、流失、回流等用户行为，还有账号间的关联、互动等用户关系网络。信息的拥有者不仅可以利用这些信息，预测用户的行为，还可以通过操纵这些信息，影响、改变用户的行为。

曾有人讨论“现代科技到底让世界变得更好还是更坏？”我们很难明确现代科技会把人类世界变得“更好”或“更坏”，但至少可以明确一点：科技会把这个世界变得“更有效率”——包括资本攫取剩余价值的效率。说难听点，就是科技能让资本把人榨得更彻底。

在古老的年代，一个人贫穷到一无所有分文不剩时，只能出卖自己的身体或出卖身体的处置权，例如易子而食、器官买卖、典妻代孕、卖身为奴。人的价值到此为止点滴不剩，此为古法压榨。当代则不然。三和大神潦倒到走投无路的时候，还有最后一条路可以换钱，就是卖掉自己的身份证（特别说明，买卖身份证是一种违法犯罪行为）。一个人的个人信息，多多少少值点钱。在网络社交上，更是如此。你吃一粒花生米要嚼几下，你吃火锅时配啤酒还是凉茶，周五晚上的血压，你认为肩周炎该去拔火罐还是健身房……这些事实和观念都是建模的材料，都有商业价值。

我们玩网游的时候，游戏中总是有很多不充钱的玩家，人称“白嫖党”。他们不给游戏充钱，那对游戏运营商来说有意义吗？有，而且意义重大。白嫖玩家不是消费者，而是产品的一部分。他们向付费玩家提供游戏体验，这个游戏体验来自他们在游戏中的个人数据。

Google、Facebook、Twitter等科技巨头无不利用个人信息牟利，用户看似是作为“消费者”的主体，实际上却是“商品”。

哈佛大学商学院教授肖莎娜·祖博夫把这种以个人数据商品化为中心、以盈利为核心目的的经济体系称为“监控资本主义”。

根据马克思的理论，剩余价值是指在剥削制度下，被统治阶级剥削的、劳动者所生产的新价值中、劳动创造的价值和劳动报酬之间的差额，即“由劳动者创造的被资产阶级无偿占有的劳动”。那么赛博时代“监控资本主义”的剩余价值在何处呢？他们的领导阶层身价飙涨，他们的劳动者（程序员等）收入颇丰，那他们通过什么来获利呢？

——用户产生的信息。

或者可以这么说，曾经的剩余价值只是对肉体的攫取；赛博时代的剩余价值可以下探到信息，个人信息又导向个人精神乃至灵魂的构建。这是一个无尽的宝库，学会利用它的人可以无所不能。

赛博人格

科幻小说中有一个常见设定：科技发达后，人可以把自己的灵魂或精神上传到网络。相对于前互联网的肉身时代，这可以称为赛博时代。此时此刻的我们，并不是站在肉身时代遥望彼岸，而是划水在两岸之间，已然渡过了半条河。

过去有些小学生不肯背乘法口诀，会被老师责备：“不会背乘法口诀，以后走到哪儿都带一个计算器吗？”现在……

在使用座机的年代，人们对熟络亲友的电话号码可以脱口而出，现在我们不再记忆亲友的手机号，把这部分大脑的内存转移到了手机上。我们不再做复杂口算，这部分算力可以转移到手机计算器上。大多数人不再写日记，这部分记忆可以转移到朋友圈或微博上。甚至，我们可以不必着急记忆，对着板书拍一张照片，就能一切妥帖，轻松而安心。

很多人都有类似的恐惧：害怕陌生人加自己的微信好友，害怕熟人加自己的微博好友。因为这二者各自承担了我们人格中公开和隐秘的两个部分。如果你有机会知道一个人在某段时间内输出到网络上的所有信息，那说不定你会比他本人还了解他——毕竟人的记性没有电脑好。

就如同忒休斯之船[1]的木板更替，在肉身时代和赛博时代之间，“我”的一部分肢体和人格在网络上，已然成为各家互联网巨头的核心资产。腾讯、新浪、抖音、知乎、百度，在某种程度上，他们比我还了解我。我的奇怪癖好、我的消费习惯、我和家人的关系、我的身体状态，乃至我的阿喀琉斯之踵、我的达摩克利斯之剑、我的隐秘而不为人知的心灵角落、我愿意和魔鬼交换的灵魂……他们有我的精神副本，只要他们愿意，他们可以储存、分析、利用我本尊。

肖莎娜·祖博夫在名为《监控资本主义》的著作和同名纪录片里，向我们展示了硅谷的互联网企业如何监控到个人并以此牟利。

一个人什么时候发工资，什么时候追求别人，什么时候消费观价值观出现巨大转折……只要他是一个乐于在社交网络工具上分享自我的人——比如使用朋友圈、用输入法写日记、拍照片记录日常生活、使用网络社交平台等——就技术上的实现而言，捕捉到这些并不是太过困难的事。平台

1　1世纪希腊作家普鲁塔克提出一个问题：如果忒休斯的船上的木头逐渐被替换，直到所有的木头都不是原来的木头，那这艘船还是原来的那艘船吗？这类问题现在被称作“忒休斯之船”。

方想操控你买一台新手机，那也是分分钟的事。

我们可以假想这样一个场景：

1. 平台方监控到你的手机型号，是5年前的款式。而你本人此刻并无更换手机的意愿。
2. 平台方向你推送新款手机广告。你不为所动。
3. 平台方筛选你的关注者发布的博文或视频，从几千条信息汇成的信息流里，挑选出他们更换新手机的公开消息，让你感觉到“怎么大家都在换新手机”。
4. 平台发送“女人/男人应该爱自己”“过节了，犒劳自己”“花开堪折直须折，莫待无花空折枝”“活在当下”“现充”等观念，鼓励你消费。
5. 平台检测到你正在准备找工作/跳槽/相亲。
6. 平台筛选“求职/相亲”关键词的软文出现在你的首页，譬如“面试/相亲十个容易忽略的地方”，其中一点就是要用某些特定的手机品牌，并声称这些品牌给人以信赖感。
7. 平台在你发工资的当日发布手机广告和限时折扣。
8. 你购买了新手机，并认为这是自主自发自愿的消费需求。

还可以再假想这样一个场景：

1. 平台检测到你特别关注好友中的某位，疑似对他（或她）有好感。
2. 平台检测到这位好友每天早上8点会在固定咖啡店买咖啡。
3. 平台向你推送这个咖啡馆的限时广告（假设咖啡馆有购买客制化广告服务），为你制造偶遇。
4. 这位无辜好友在一无所知中完成了带货任务。
5. 平台检测到你和这位好友的交流更加频繁且亲密，向你推送服饰、修容产品、小礼物等恋爱消费。你下单购买，并认为这是天赐良缘，且是自主自发自愿的消费需求。

这不是什么天方夜谭，类似的事情正在发生。从一个小小的购物决策，到政治意见，到人的价值观，这一切都可通过这种潜移默化的操控来实现。用户信息可以轻易用于建构、篡改、操纵、扭曲一个人的人格，好似如上所说的把野生玉米地改为转基因玉米田（此处绝无歧视转基因农产品的意思），以便于收割。甚至，把用户信息仅用于商业行为、仅献祭给资本，已经算得上有道德底线了。

Facebook数据门事件

2018年，一家名为“剑桥分析（Cambridge Analytica）”的政治咨询公司透露，Facebook在未经用户同意的情况下收集了8700万份用户个人数据用于政治广告。这家公司使用这些数据为泰德·科鲁兹和特朗普的2016 年总统竞选活动提供分析协助，也被认为干扰了英国脱欧公投。虽然官方调查最后以“无事发生”草草收场，但媒体、民间关于此事的讨论非常踊跃。2019年7月网飞纪录片《隐私大道》（原名*The Great Hack*），细细讲述了Facebook数据门事件的前因后果。

Facebook数据门事件之所以如此轰动，是因为它触发了普通民众内心的恐慌：你赚我的钱就算了，还要攫取我的个人信息，还要操纵我的灵魂。我的观念是“我”的观念还是“我”被操纵下产生的观念？我的人格被互联网巨头所窥视、操纵、把控，这是非常令人恐惧的事。他们能轻松了解并操控人的价值观、喜好、行为决策、性情，乃至情绪。

如果这类事件你还没有遇到，仅仅代表你还没有发现，或代表监控者还没有精力去把活儿做得这么细。蓝海市场遍地黄金，有白捡的钱自然不用去深挖，等捡完了，再挖浅层的黄金，等浅层的挖完了，再挖埋得深的。这一天的到来，是迟早的事。

注意力资源

与传统资本主义攫取人的经济价值相比，数字资本主义的目的是获取个人信息，手段是攫取人的注意力。注意力是一种总量有限的自然资源，可以被开发、被生产、被交易。

人的注意力很珍贵。很多人都意识到，同样是辛苦上班，人感受到的“累”并不一样。譬如改革开放前，在国企上班的人下班后也会很疲惫，但显然今天在互联网大厂下班的年轻人更累一点儿。两者在体力上的疲惫感差不多，但脑力上差别很大，后者给人一种“身体被掏空”“头脑混沌”“累到只能刷综艺看段子”的感觉。因为相对国企，互联网大厂对员工的注意力攫取更为彻底，被工作吸干的人回到家基本做不了什么需要集中注意力的事情。

有人说“普通人越努力，网红和明星赚得越多”，从某种程度上看是成立的。因为一个人的注意力是有限的，如果上班太拼，把注意力都用完了，剩余的注意力不足以支撑深度阅读、学点小爱好等对注意力需求比较高的娱乐，就只能进行刷综艺节目、短视频、短文字等对注意力需求比较低的娱乐，后者恰是网红和明星收割注意力的牧场。

“因为可以大批量生产，那些东西就变得比较普通了，”毕缇说，“书籍曾经吸引过一部分人，到处都有人看书。现在他们有能力寻求一点儿变化了。世界原来宽敞得很，但是后来却变得熙熙攘攘，到处都是眼睛、胳膊肘和嘴巴。人口成倍、三倍、四倍地往上增长。电影、收音机、杂志和书，都成为再普通不过的东西，你听懂了吗？”

“是的。”毕缇凝视着吐出的烟在空中变幻出的形状。“想象一下。十九世纪的人，他的马匹、猎犬和马车，动作慢条斯理。接着，二十世纪，相机的速度大大提高。书本内容删得更短。精华本。文摘本。各种小报。所有一切快得令人窒息，匆匆结尾。”

“匆匆结尾。”米尔德里德点了点头。

“名著被删减成十五分钟的电台话剧，接着又被删成两分钟的图书专栏，最后紧缩成词典上十到十二行的文字概要。当然，我有点夸大其词了。词典是用来参考的。但是，有很多人对《哈姆雷特》的唯一所知（你当然知道这本书名，蒙泰戈；但是对你，蒙泰戈太太，它可能不过是个名不见经传的传闻），像我刚才说的那样，就是某本书上的一页文摘，那本书还宣称：现在你终于可以阅读所有名著，与你的邻居并驾齐驱。你认识到了吗？从育儿室到大学，再回到育儿室；这就是过去五个多世纪里的知识模式。”

米尔德里德站起身，开始在房间里走来走去，把东西拿起来又放下。毕缇没去睬她，接着往下讲：“电影的速度也加快了，蒙泰戈。嘀嗒，照片，看见，眼睛，现在，电影，这里，那里，飞快，脚步，上下，里外，为什么，怎么样，是谁，是什么，在哪里，嗯？哈！叭！哗！哐，乒，乓，嘭！文摘之文摘，文摘之文摘之文摘。政治？一栏话，两句话，一个标题！接着，半空中，全都消失不见了！出版商、开发商、广播员的巨手把人们的思想摆弄得团团转，飞速旋转的离心机把一切不必要的、浪费时间的思想全都甩了出去！”

——《华氏451》，雷·布雷德伯利

如上的预言，所描述的就是一个低注意力市场。人变成这样并不是因为这个时代更浮躁了，而是因为这个时代对注意力的攫取效率更高了。监控资本主义通过绑定用户的注意力，获取用户黏性，从而获取用户信息，收获赛博剩余价值。

综上，用户信息在数字时代的政治经济学意义，不仅仅是一个人的名字、手机号码、地址、生理指标，也是一个人的饮食习惯、日常行踪、决策偏好、行为模式，还是一个人的政治立场、人生观价值观、理念和信仰。由此，“信息茧房”的阴影在数字时代光鲜的背景中徐徐升起。这不是一个关于选择偏好的小问题，而是事关一个人是否能在监控资本主义、赛博剩余价值中保持自由意志、独立思考的核心问题：“我”该如何避免被操控？我是否还能代表“我”？

李银河曾说过，按照福柯的看法，人的自我是被发明出来的，而不是被发现出来的。发现是去找到一个已经存在的东西，而发明却完全是无中生有的。如果人的自我是被发明出来的，人本身就没有任何不可改变的规则、准则或规范，也就不存在什么隐藏在外表之下的本质。因此，穷其一生，福柯一直在理论上和实践上为抗拒“说出关于自己的真实情况”这一命令而进行着一种“游击战”。他坚持认为，一个理想的人“并非那种努力去发现他自己、他的秘密的‘真实’的人，而是那种力图发明他自己的人”。

但人在“发明”自我、构造自我的过程中，往往是社会文化的被动者，是“权力”下的操控物。有意思的是，福柯口中的“权力”并非君权、执政权这种有支配意味的统治形式，而是一种毛细血管式的微观的、重叠的、持续运作的力量关系。而监控资本主义正是这样一种力量。

这样的时代，我何以成为现在的“我”？我吃下的食物，消化、吸收，构成肉体的我。我看到的信息，接受、吸收，构成肉体的我。“我”通过对信息的选择构造自我、发明自我。

作为一个血肉之躯的人，对信息的选择多多少少基于某种偏好。有偏好就有信息茧房；没有偏好，也可以制造偏好，再造茧房。有时候，不是“我”制造了茧房，而是茧房里生成了“我”。

第 3 章
chapter 3

茧房里面的隐秘变化

3.1 确认偏误和偏误同化

> 人都有这个脾气，凡是他愿意相信的事情，总是特别容易相信。
>
> ——《半生缘》，张爱玲

确认偏误（Confirmation Bias），是英国心理学家彼得·沃森（Peter Wason）创造的一个心理学概念，是指个人选择性地回忆、搜索、解释信息，来支持自己固有的想法。

他表示，我们的大脑玩的把戏之一就是强调我们已经相信的证据。如果听到关于竞争对手的流言蜚语，我们倾向于认为“我就知道他是个讨厌的家伙”；如果听到关于最好朋友的同样的流言蜚语，我们更有可能说“这只是一个谣言”。如果你不信任政府，那么政策的变化就是他们软弱的证据；如果你信任他们，同样的政策变化也可以成为他们内在合理性的证据。

简单来说就是，我们总是趋向于看见我们想看见的，相信我们愿意相信的。当我们认定了一个观点时，我们的大脑会持续、有选择地去寻找证据来证明我们的观点是对的，同时对那些证明我们是错的的证据，则有选择地忽略和无视。

当面对强烈的期望、激动的情绪以及根深蒂固的信念时，这种效应可以被强化。确认偏误不能完全消除，但可以通过教育和训练批判性思维技能等方式加以控制。

确认偏误有以下几个特点：

1. 选择性地回忆、搜索、解释信息。
2. 选择性地寻找支持自己观点的信息，回避与自己观点矛盾的信息。
3. 对中立信息，会做偏向于支持自己观点的解释。

一方面，这种对信息的“选择”行为，极其容易把自己带入信息茧房。另一方面，当人已经在信息茧房之中的时候，放眼望去四周都是己方观念，都是支持自己的信息，更容易得到“偏误”的结果。

确认偏误会在以下情况下被强化：

1. 正在寻求想要的结果时。
2. 情绪激动时。
3. 遇到根深蒂固的信念时。

确认偏误经常被用来解释以下心理现象：

1. 态度的极端化。即使争论双方都依附于相同的根据，争执仍会变得极端。
2. 信念固着。即当己方证据被证明是错误的之后，依然坚信原有看法。
3. 非理性首因效应。即强烈的“先入为主”效应，对早期遇到的信息有更大的依赖。

4. 错误关联。即对两个偶然事件做无根据的关联。

典型的例子是“智子疑邻”，以上四点全占。智子觉得邻居偷了自己家的斧头，怎么看都觉得邻居像个贼，即便邻居的行为举止和小偷行为毫无关系，智子也会认为这是小偷举动，并且越看邻居越像小偷，不断固化自己最初的观念。

很多日常生活中匪夷所思的新闻，都能用这套理论来解释，用于解释“看上去很蠢但怎么那么多人上当”的诈骗行为，尤其精准。

案例分析：包裹诈骗案

校友会的一位同学曾向我分享了一段难忘的经历。

他说：“某天，我接到一个来自快递公司DHL的电话，说我有一个包裹未被送达。我选择转接人工客服后，客服告诉我，不久前以我的名义从华盛顿DC寄到北京的包裹中含有伪造的银行卡和证件，现在被中国海关扣押。目前需要和我进行信息核实，因为涉及违禁品，会上升到刑事案件，需要我配合并向中国警方报告。

“DHL工作人员向我报告了包裹信息，包括海关公文号，包裹收件人姓名和地址等，然后说事关重大，涉嫌跨国犯罪，让我报警，报美国的警或是中国的警。我考虑到自己在国外人生地不熟，还要学习和工作，不想和警察及律师打交道，选择向北京方面报警。对方帮我把电话转给国内公安分局，让我向北京市公安局××分局报案。”

看到这里，见多识广的朋友可能已经看出来了，这是电话诈骗的常用套路，国内和海外都有人遇到过。大多数人在看新闻报道类似案件，或是看到描述的时候，会觉得“怎么这么蠢啊”“一看就是骗子”，但这个骗术套路极为经典，十年不衰，目标受众很多属于高学历人群。百度一搜关键词“DHL”“警察”就能搜到无数受害者的控诉。

骗术之所以成功，正如电影之所以好看，不仅仅在于剧本，更在于演技、音效、气氛，当事人亲身经历的感觉和旁人介绍剧情完全不一样。这个诈骗“剧本”写得非常“精彩”，起承转合、结构严谨，一看就经过多轮实践的打磨，符合心理学、社会心理学等诸多原理。骗子也是经验丰富，据说有“十分值得信赖的口音和对话”。我们来稍微探讨一下这个骗局为何能骗到那么多人。

正常的骗子都会害怕“警察”这个词，但在这个骗术中，骗子建议你打电话报警，还让人自己选择报哪边的警。这首先就突破了当事人的第一道心理防线：骗子还会让我找警察？这是一个强烈暗示：这不是骗子。这是一个非常强烈的第一印象，当受害人模模糊糊先认为这的确是警察的时候，接下去的信息都是用于验证他到底“是不是警察”，而非“是不是骗子”。“偏误”一旦树立，接下去就会不由自主地陷入“确认偏误”的心理状态。这就落入了圈套。

他接着说：“骗子要求我亲自核实他们的电话是否是北京市 × × 区公安局的办公电话。我其实不是很想确认，我很慌张，但他们很坚持，还提醒我谨防诈骗。”

这就突破了受害人的第二道心理防线。骗子有底气让人去验证，说明他事先一定做好了万无一失的局。那个电话的确是公安局官网公布的电话，也就是用户来电显示的电话号码。很多人的知识盲点在于：不知道来电显示的号码是可以被伪造、模仿的。

两道防线层层递进，帮助受害人不断确认先前的“偏误”。第一层偏误得出的结论，又会成为下一个偏误的诱因，像一剂催化剂一样，把偏误不断固化。

在这个过程中，骗子不断提供信息，包括假警察的警号、快递单号、快递地址、公安局地址、假包裹的银行流水号等，一大串一大串地报上来，轮番进行信息轰炸。

信息的密集轰炸是强化误判的常规手段，把人的头脑比作电脑，那么CPU的处理速度是有限的。当我们接受信息的速度远远大于处理信息的速度时，会发生信息拥堵，于是用来思考和质疑的算力就减少了。

信息量较大时容易触发合取谬误（Conjunction Fallacy）。该谬误认为，人总是会倾向于认为细节越多的故事为真的概率越大。

合取谬误

合取谬误，又称“琳达问题”，是一种认知偏误，认为多个特殊条件比一个一般条件更容易发生。合取谬误认为，虚假的故事如果细节丰富，就更容易信任。一个故事里精心编纂的细节越多，就越令人感觉可信。

“琳达问题”是这样一个假设——

想象一位虚构的女士，名为“琳达”，今年31岁，单身未婚，性格直爽，聪明智慧，主修哲学。学生时代，她特别关注性别歧视和社会正义问题，并积极参与反核示威活动。下面两个选项哪一个正确的概率更大？

1. 琳达是一名银行出纳员；
2. 琳达是一名积极参加女权主义运动的银行出纳员。

第二条似乎更有可能发生，因为它的内容与背景介绍一致，使得整个故事看起来更连贯充实。但其实第一条发生的概率更高，因为第一条的情况是包含第二条的，也就是说，数学上前者的概率更大。

这种手段在职场上非常常见。比如需要忽悠别人做决策时，就拿出一堆需要签字的文件，提供过载的信息量，并人为设置时间限制，制造紧张气氛，让对方信任，或以此逼迫对方。小到理发店的销售，大到国会议员，对这些技巧都能熟稔使用。

先前我们提到确认偏误会在以下情况下被强化：正在寻求想要的结果时、情绪激动时、遇到根深蒂固的信念时。正对应着受害者此刻的三种心理状态：非常想要洗脱罪名、情绪高度紧张、根深蒂固相信对方是警察。

他又说："过了一会儿电话打了过来，来电显示是网上查到的正确的公安局的号码。假警官要求我必须回国处理。我说我回不去。他们很强硬，后来退一步说那要对我进行电话笔录。问我周围有没有其他人。说录笔录的时候，要求绝对安静，手机要断网，电脑要关机，整件事情要保密，甚至是对家人，说因为有可能是我家人盗用我的身份。"

这是第三道防线，这一步非常关键，骗子开始建立"信息茧房"。

骗子没有使用技术手段封锁受害者的网络，也无法把受害者关起来。但骗子让受害者相信自己正处于危险之中，相信自己应该关闭所有信息沟通，同时排斥所有对立的意见。

在网上检索受害者案例时，我发现一些年轻的小留学生，甚至会协同骗子以学费、医疗费等为借口向国内的父母要钱。他们当时相信了骗子的说辞，在极端焦虑和慌乱中认为自己不能向家人泄露"办案机密"和"国家机密"，否则会给自己和家人带来更多麻烦。

国内也有一些类似的诈骗案，但很多时候，国内的银行工作人员非常认真负责，警惕性也很高，遇到一些老年人语焉不详的大额汇款都会多问几句。然而陷入类似诈骗圈套的老人家，常常在工作人员的提醒下甚至拒绝的情况下，坚持要求大额汇款，完全听不下其他意见，逼得工作人员不得不停止业务甚至临时关闭营业厅，以免他们遭遇财产损失。

这个信息茧房刀枪不入密不透风。一旦进入茧房之内，就很难不任人摆布了。接下来骗子会以“保证金”的名义要求转账。网络诈骗，无论布多大的局，下多大的棋，最终还是会收口，会要求钱款往来。若在这一步能提高警惕严防死守，便算是逃出此劫了。

也有其他诈骗手段会利用到“确认偏误”效应。比如以谈恋爱、结婚为幌子的“杀猪盘”式诈骗。骗子的饵下得远，钓线放得长，第一步是让受害人相信自己遇到了命中注定的“他/她”，然后不断强化关于恋人、关于爱情的美好想象，把自己对爱的浪漫幻想投射到这个目标物上，不断强化关于对方的第一印象，进而使受害人陷入其中。

偏误同化：骗倒半个硅谷的女人

“偏误同化”（Biased Assimilation）是另一个与信息茧房相关的社会心理学现象，它常常和“确认偏误”效应同时出现，但是它们又有所差别。

伊丽莎白·安妮·霍姆斯（Elizabeth Anne Holmes），是血液检测公司Theranos的创始人。多年来，她声称只需一滴血即可做癌症筛查，亲手把公司捧成生物科技行业的独角兽，鼎盛时期曾获9200万美元的创投资金。2015年，《福布斯》因为其公司估值90亿美元，将她评选为全球最年轻、白手起家的女性亿万富翁。她家境优越，人脉广泛，她父亲曾经是安然公司副总裁，就是那个21世纪初因为会计丑闻而掀起惊天巨浪最后破产的安然公司，曾导致了全球五大会计师事务所之一的“安达信”原地解散。

如果这些还不能让你对她有什么记忆，那我不得不说出她鼎鼎大名的江湖称号——女乔布斯。她会模仿乔布斯的标志性手势，模仿乔布斯低沉的男中音，像乔布斯一样一年四季只穿同款黑色高领毛衣。她曾就读于斯坦福大学化学系，19岁为了一滴血改变世界的伟大梦想而辍学创业。不得不说，这样的人设极为契合硅谷的品位。

理性思考的话，现在如果出现一个长得很像某大佬并举手投足模仿大佬的人，大多数人并不见得会因为外表给他投资，正常人都知道外貌和创业能力没有关系。但霍姆斯的“女乔布斯”人设十分奏效。关于鼎盛时期的介绍是这样的——

“董事会的十二名成员中包括前国务卿亨利·基辛格、前国防部部长威廉·佩里、前国务卿乔治·普拉特·舒尔茨、前参议员山姆·纳恩及比尔·弗利斯特、前海军上将盖里·罗海德、前国防部部长詹姆斯·马蒂斯，以及富国银行的前CEO Dick Kovacevich及比奇特尔公司的前CEO Riley Bechtel。她高调的私人投资者包括媒体大亨鲁伯特·默多克、特朗普总统任期内的教育部部长贝琪·德沃斯、沃尔玛的沃尔顿家族、考克斯企业的考克斯家族以及墨西哥百万富翁卡洛斯斯利姆，在公司倒闭时都损失了上百万美金。霍姆斯是希拉里·克林顿2016年参选总统时的支持者之一，也是她女儿切尔西·克林顿的朋友。”

她为什么要模仿乔布斯？这么多看上去长脑子的名流为什么会买“女乔布斯”的账？这在心理学上可以找到解释，即“偏误同化”现象。[1]

偏误同化（Biased Assimilation）

偏误同化是指人因为情境或上下文的某些刺激，对问题的判断出现了同向的偏差。

许多科研人员发现，操纵问题的顺序，会导致问卷结果出现偏差。他们将被试分为两组，A和B。A组（对照组）被提问“生活满意度如何”。B组（实验组）先被提问“感情关系如何”，再问“生活满意度如何”。

1 也称为assimilation effect、assimilation bias，也译作偏见同化。

实验发现，B组被试关于“生活满意度”的问题答案，会受“情感关系”这个问题的答案影响。对感情关系满意的人，会对自己的生活更加满意。对感情关系不满意的人，会对自己的生活更加不满意。

心理学家Norbert Schwarz和Herbert Bless曾做过一项关于“政客可信度认知”的研究。实验还是分成两组。A组（对照组）被要求对政客总体可信度进行评价。先给B组（实验组）被试看了一些声名狼藉的政客的照片，再要求他们对政客总体可信度进行评价。结果发现，B组被试对政客可信度的评价更低。

这两例都是典型的“偏误同化”。

所以哪怕是一个看上去简易的消费者问卷，专业的公司也会请有心理学背景的人士来设计，以避免出现以上问题导致的结果偏差。

立人设、讲故事、搞关系、拉投资，伊丽莎白·霍姆斯把这一套玩得很溜。在这些光鲜场面的背后，该公司毫无核心技术、检测屡屡出错、实验室数据欺诈。2015年10月，《华尔街日报》发布一篇重磅文章揭露“一滴血检测”的真实面目，由此，她一手构建的谎言大厦一夜倒塌。

是年她还被《时代杂志》提名为“2015年前100名最有影响力人物”。第二年，福布斯将她的资产估值为“一文不值”，《财富杂志》将她称作为“世上最让人失望的领导者”。如今她面临两项刑事指控，最高面临20年的刑期。

1 Schwarz, Norbert; Strack, Fritz; Mai, Hans-Peter (1991). “Assimilation and Contrast Effects in Part-Whole Question Sequences: A Conversational Logic Analysis”. Public Opinion Quarterly. 55: 3–23.

2 Schwarz, Norbert; Bless, Herbert (1992b). “Scandals and the Public’s Trust in Politicians: Assimilation and Contrast Effects”. Personality and Social Psychology Bulletin. 18 (5): 574–579.

真锚点，假信息

除了在专业诈骗领域，“确认偏误”和“偏误同化”这两个心理学现象在社交媒体上的应用也非常广，比如假新闻的制造。

美国麻省理工学院传媒实验室在《科学》杂志发布的报告中表示，假新闻在社交媒体的传播速度是真实新闻的6倍，且假新闻更容易得到转发。研究人员在社交媒体“推特”上选取12.6万则新闻，由6家独立机构核实真实性。

研究数据显示，2006年至2016年年底，这些新闻共由大约300万名用户分享超过450万次。以向1500名用户传播消息为标准，假新闻平均传播时间为10小时，而真实新闻传播需60小时。与真实新闻相比，假新闻得到转发的概率高70%。平均一条假消息的受众人数比真实消息多35%。

正如卖假酒一般不灌装自来水来卖，假酒里大多还是有酒精的。假新闻也很少是100%假的，一般会真假掺杂，半真半假，甚至七分真三分假。这样，受众观看新闻的时候就有了一个锚点，其成为“确认”的支点。那些“真”的部分用于让人相信这是个靠谱的报道，而那些“假”的部分，则用于耸人听闻加速传播。也有些“假”新闻甚至百分之百为真，只是弄一个极为耸动的标题，或是选择性报道容易产生误会的一小部分内容。

比如“韩国偷中国文化申遗”、疫苗导致儿童自闭、肯德基有六只翅膀的鸡，诸如此类不一而足。受“确认偏误”的影响，大众一旦接受了假新闻，就会先入为主，很难从中纠正。

而诸多短视频号，随便找一个老头老太太，戴上眼镜、穿上白大褂、坐进办公室，满嘴说些绿豆包治百病的话，也能有大批拥趸，这就不得不说是“偏误同化”的功劳。更不必提那些找年轻漂亮口才好的播音系学生坐在假演播厅里播假新闻的短视频号了。

再如美国2007年次贷危机和因此引发的2008年金融危机。我的个人记忆如此之鲜明，是因为当时本人正在申请一份雷曼兄弟公司的工作，并在面试后收到了拒信。我愤愤诅咒它倒闭，被迫去了当时还不甚红的互联网某厂，然而不久之后它居然真的倒闭了。

当时的美国，房贷被做成证券，被发售，被自由交易，被做成谁也看不清底层资产的花里胡哨的金融衍生品。在持续膨胀的市场中，源源不断地有人出手，却没有人去说破这一点。在那样的环境里只有一种声音："赶紧上车"。没有人去质疑一丝一毫，既不愿，也不想，他们只是不断确认自己的投资决策是正确的，并且只能是正确的。

"确认偏误"和"偏误同化"能强化"信息茧房"，"信息茧房"也能强化后者。二者都有信息选择、偏听偏信的意思，对偏误的固执，会更加固化茧房的信息阻隔，而茧房造成的柔性信息阻隔，又会强化这种偏误。

3.2 去个体化和刻奇

湮没于群体的个体

"去个体化"（Deindividuation）是一个社会心理学概念，指个人在群体中丧失自我意识的一种心理状态。此时个体认同被群体的目标认同所取代，会因自制力和自控力的下降而加入重复的、冲动的、情绪化的行为中去。简单来说就是，当作为个体的人在群体中，并对群体目标太执着的时候，作为个体的独立性就下降了，个体湮没在群体中，成为其中面目模糊的一分子。

一个例子是"足球流氓"。足球流氓指那些在观看足球比赛时，通过一些暴力行为发泄情绪的人。其起源最早要追溯到古罗马的战场竞赛

（Chariot Racing），不同马车队的车迷经常在赛后互相辱骂、斗殴。车迷们不仅支持不同的车队，还持有不用的政治立场。在某次比赛结束后，观众包围了皇帝，烧毁了圣索菲亚大教堂[1]，最终以皇帝查士丁尼一世反杀成功、消灭三万余名暴民结束。

二十世纪六七十年代，足球流氓的主要活动范围限于看台，随着赛场安全管控的加强，足球流氓的流氓行径扩展到球场之外。“××队球迷”的身份给人一种群体归属感，尤其是当球迷和球迷成群结队出入的时候。冤家路窄，在酒精和赛况的刺激下，足球流氓易于做出斗殴、破坏公物等行为。

“去个体化”理论认为，该现象会在个体处于“匿名”状态下加剧。

名字是一个人存在的痕迹。换掉名字客观上会消除痕迹，是在和过去的自己说再见。譬如法名、教名、道名，都代表一个人在另一个领域的新生活。艺人要起一个艺名，因为艺名下使用的是包装后的人格，而非本格。很多人有多个微博账号，换一个名字就换一种人格，用错账号会非常尴尬。匿名相当于是“更换名字”的极端状态，没有了名字，也就没有了守护该名字的责任和义务，从而进入一种随心所欲的境界。

2020年，美国明尼阿波利斯市爆发黑人反歧视示威，基于某种传统，示威很快变成了骚乱，破坏公物和抢劫店铺迅速蔓延至美国全境。由于当时正处于新冠肺炎疫情爆发时期，很多参与者戴着口罩或其他面部遮挡物——这也是一种“匿名”，当时就被一些媒体认为会加剧骚乱的暴力程度。

在这场骚乱最严重的时候，黑人群体内部也在辩论，也有反对的声音，大意是“我们抗议就抗议，示威就示威，为什么要打砸抢呢？”其实

1　这是圣索菲亚大教堂第二次被毁，几天后，该教堂第三次被建。建成后，在长达一千年的时间里，它都是世界上最大的教堂。该教堂现在位于土耳其的伊斯坦布尔，名为“阿拉索菲雅清真寺”。

打砸抢不限于种族，也有很多白人诉诸暴力，其中有浑水摸鱼的成分，这也能用群体中“去个体化”来进行社会心理学解释——因为该群体并非“黑人”群体，而是某种自称的“反种族歧视”群体，或“反警察”“反现状”群体。

案例分析：怪人二十一面相[1]

1984年，日本曾爆发过一个震惊全社会的大案——格力高·森永案。

格力高·森永案

1984年3月，江崎格力高食品公司社长江崎胜久被绑架，并被索要10亿日元和100千克黄金作为赎金。在人质江琦胜久自行逃脱后，罪犯向警方和媒体寄出恐吓信，并在信中自称“怪人二十一面相”。在此后的一年多时间里，罪犯向众多日本食品企业发出投毒威胁并索要赎金。然而由于罪犯每次投毒都会贴上警示标签并大肆宣传，最后并没有一个民众因此受害。

这一案件在当时的日本社会造成了非常重大的影响，甚至永久改变了日本食品的包装方式。很多国人觉得日式食品总是过度包装，就是拜该事件所赐。当时日本警察厅动用了大量的人力物力参与侦查这一案件，有130万名调查人员在全国各地参与本案，然而始终没有抓捕到罪犯。

1985年，案发地之一——滋贺县警察本部长山本昌二在退休当日自焚谢罪。5天后，日本航空发生重大空难，520人死亡，受害企业之一的好侍食品社长浦上郁夫恰好在空难中身亡。当日，罪犯宣布停止犯罪活动，从此“怪人二十一面相”销声匿迹。

1 “怪人二十一面相”这个名字源于侦探小说家江户川乱步的一个小说人物。

在此案件中，“怪人二十一面相”人人皆知，还出现了数百起模仿犯罪，以至于到后来，罪犯为了证明自己是真正的“怪人二十一面相”而不得不在威胁信中附上格力高社长的录音磁带。

在该事件中，敲诈犯也是“匿名”的，只用“怪人二十一面相”这个花名，恐吓信都用打印机打印，以不暴露字迹。

“怪人二十一面相”这个现实中的罪犯形象引起了很多人的想象。他们想象着这个人可能的想法，并以追随这个想象中的形象从事敲诈、破坏活动，去伤害无辜市民，去“模仿犯罪”。这些模仿者认为自己正在追随“怪人二十一面相”的脚步，成为他的分身，或他的代言人。

可是实际上呢？

真正的“怪人二十一面相”并不想伤害无辜路人，他的目标是大企业，在他操控的整个事件中，除了最后自杀的滋贺县警察本部长山本昌二，没有任何路人受伤或死亡。那些模仿罪犯们心中的“怪人二十一面相”已经不是真正的“怪人二十一面相”（虽然原型也是罪犯），同时他们又的确是模仿者而非原创者，这种模仿者，我们只好称之为“对着虚空的cosplay”，或是“没有原型的coser”。这些模仿者之间原先互无关系、各自独立，在同一个新闻讯息的辐射下，表现出了某种一致性，失去了他们的个体性。这也是一种“去个体化”。

信息的同步化导致群体意见的一致性，这些模仿者的声音如此之大，乃至最初那个原型的声音反而被湮没了。模仿者群体的自我表达覆盖了原型，他们成了没有原型的复制品。

受“格力高・森永案”影响，日本导演神山健治在作品《攻壳机动队》系列TV版中创作了“个别的十一人”这个主线人物群像，形容一群呈现出统一性的孤立体，下图是笑脸男的虚构形象。该剧名为*Stand Alone Complex*，其中第二季英文译作*Individual Eleven*，即Deindividuation（去个体化）中的individual（个体化）——原型的不存在，创造出了没有原型的复制品；明明是孤立的个体，却又失去了个体性。

2021年，美国爆发了“国会大厦遭冲击事件”，在当时还在任期尾巴上的总统特朗普的激励下，数千名他的支持者冲入国会大厦，阻挠选举人团投票选举拜登为下一任总统。期间造成五人死亡，其中一人为国会警察。该事件被民主党称为“内战以来美国民主制度的最大危机”。

微妙的是，这并不是一起经过严密规划、系统组织的团伙犯罪。虽然有总统特朗普暧昧不明的发言，有某些狂热者的大声呼吁，但根据听证会上发布的调查结果，这起规模不小、影响恶劣的案件被定性为“无统一组织”的“自发”行动。数千人，在那么一刻做出各自独立的判断——统一向着国会大厦方向前进。正如格力高・森永案中的隐藏罪犯“怪人二十一面相”和“Individual 11”一样，那一刻，他们不是一个集体，而是一群个人，是“去个体化”的一群人。

网络时代的去个体化

在互联网环境下，“去个体化”现象会更明显。

首先，是因为互联网用户的匿名性。

在网络社交媒体中，由于极少采取前台实名制，用户普遍不了解账号持有者的真实姓名、真实外表、社会关系，可以默认处于一种广泛的类匿名状态中，更容易造成“去个体化”。

比如当一所高校的食堂出现了负面新闻，在校生在校内论坛上往往会站在学生的一方，去抨击校方；但如果这则新闻在学校外面传播，学生中又会有很多人转向支持校方，要求围观群众勿要“污蔑我校”，美其名曰“我自己的学校只有我能骂”。在这里，“学校”一词可以换成单位、公司、偶像等任何集体。

这句话背后的原理，可以用“去个体化”很清晰地解释。在这里，个体在“去个体化”之前被认同的身份是“学生”，在“去个体化”之后被认同的身份是“学校”，个体目标被不同的群体目标替代，导致个体立场随之扭转。

“去个体化”最鲜明的，莫过于饭圈文化。[1]演员艺人拥有粉丝的追捧，这并不是新鲜事。清朝就有“捧角儿”一说，无论是在中国还是在国外，色艺俱佳的戏曲演员都会得到大量鲜花、掌声和财富，还会有各自的粉丝群体。梅兰芳的粉丝号称“梅社”；尚小云的粉丝叫“尚党”“醉云社”“听云集”；荀慧生的粉丝，叫“白社”，因为荀慧生早年以《白牡丹》一角儿成名；筱翠花的粉丝叫“翠花党”……各自的粉丝群内还有各种有才华的“大大”，为自家偶像写剧评吹捧。也会有粉丝打听名角儿行程，跑到饭店盯梢，跟踪角儿的行动路线。一旦有名角儿在多个城市间往

1　饭圈文化，即fandom，或称粉丝文化，指的是由热衷某事物的志同道合之人所形成的亚文化圈，这些爱好者会与有共同兴趣的人产生共鸣。一个典型的粉丝对于其所喜好的某一特定对象的甚至一个小细节都感到迷恋，并愿意为此花上大量的时间精力，通常会通过社交网站实现某一特定目的；这一点有别于抱有一般好感的普通粉丝。

返，还会有粉丝大张旗鼓带着小旗子去火车站迎送，像极了现在带着应援手幅送机的艺人粉丝。

一旦挂上粉丝群体的独特的自称，就完成了去个体化的第一步，在集体认同中消弭了自己的名字。去个体化的第二步，是行为控制，比如在网上发表关于某明星的看法必须用标准格式，比如每天要打卡做数据[1]，否则就会被其他粉丝开除“粉籍”。如果有人对此有犹疑，就会有一套标准话术来应对，类似“哥哥只有我们了”。

和民国乃至21世纪初的传统追星相比，现在的过度追捧流量明星在追星方式上有所继承，在追星心态上有所发展。

和过去不一样的是，传统追星是一种“消费行为”，比如我同学追少女时代，花钱买海报，贴到床头天天看，他花的就是一份海报钱，享受到美女照片。或是买CD，看演唱会，都是掏钱买商品、买服务。而过度追捧流量明星是一种“宗教行为”：我虔诚地爱着他，所以我愿意牺牲奉献，供上我的钱。实物、服务，我什么好处都不需要得到，我只需要付出，只需要爱的供奉。比如某些小女生就属于传统追星，她们虽然很狂热，但她们有“见到刘德华”这个诉求。过度追捧流量明星的做法是，刘德华不需要知道我是谁，我散尽家财给刘德华打榜，我在打榜过程中得到了自我牺牲式的满足。

需要指出的是，对于追星，不管以何种形式，它的存在是积极有意义的。没有追过流量明星的家长会很不理解：孩子为什么会为一个陌生人付出这么多？对当事人来说，很多时候那个陌生人是谁不重要，重要的是他们需要追星这种“社交行为”，在这种社交中收获认同感、成就感、归属感。青少年的日常生活更难以自主，在这方面的需求比成人更大一些。青

1 做数据，一般指在饭圈（粉丝群体）中，粉丝为喜爱的艺人投票、转发、评论、打榜等以提升艺人网络热度为目的的行为。

少年追星，和中年男人喝酒钓鱼，中老年妇女跳广场舞一个性质——满足社交需要。

其次，网络信息的扁平化，让“去个体化”现象会更明显。

相对于传统信息传递的立体结构，互联网信息的传播更加扁平化。用户能迅速接收到均质化信息。以前一个意见领袖说出一个意见，可能会有三十家媒体，经过三十个记者，三十个编辑，做出三十种解读，再传递到读者受众。现在一个大V说出一句话，千百万粉丝瞬间同时接收到，并且接收到的是一模一样的信息。处于同一个信息流中的一群人，容易得出类似的结果、得出同一个“意见”。此时，个体性又消失了，变成了群体性，从Individuation 变成了 Deindividuation。

第三，网络环境更容易搭建、维系信息茧房。

20世纪早期，美国、日本、韩国都出现过匪夷所思的邪教团体，常见手段是在荒郊野外圈一块地与世隔绝，严格禁止教内人士接触，然后对其中的人进行各种洗脑，对不听话的人施以暴力手段胁迫虐待，乃至残杀。这些团体后来被揭发，往往是因为个别脑子还正常一点儿的人逃出来报的警。无论是在物理上限制一个人的行动范围，还是在精神上控制一个人的思想，在技术实现上都有相当的难度。

但在当下，这种控制反而变得更容易了。如今我们每个人在工作学习之外，每天的业余时间是有限的，在这有限的业余时间中，除去睡觉、洗澡、吃饭等必要行动，剩下的时间里用于网络社交的时间占了相当大的比例。谁抓住了社交网络上的注意力，谁就完成了网络上的注意力圈地，谁就能引流一个人接收到的信息，谁就能左右一个人的观念。

一个个网红、大V、自媒体，周围便是一个个信息茧房。即便是并非网红的普通人，每一个普普通通的朋友圈也是一个小小的茧房。网络社交平台的生存逻辑就是满足用户的信息选择的偏好，消耗用户的注意力，收集用户信息，再把用户信息变现。有信息选择的偏好，就一定有信息茧房。所以，归根结底，这个时代的我们谁也无法彻底避免茧房，只能在茧房中穿梭进出，在各方意见的牵扯中维系自身微妙的平衡。

刻奇（Kitsch）

这是一个音译词，早年指一些大批量复制的、肤浅俗气的、品位堪忧的工艺品的美术风格，现在多指一种感伤的、琐碎的、自媚的表达。这个词很难准确意译。这原本是一个德语词，英国翻译家将其称为最难翻译的十大术语之一，在汉语中曾被翻译成“媚俗”，也有人认为其实是一种“媚我”，即讨好自己、迎合自己。它指个体的认知与情感表达主动地或者不自觉地遵从外在的强大的秩序，以判断这种体验是否是正当的、高尚的、合法的、被接纳的、合乎时宜的，由此，个体真正的认知体验与情感表达变成了一件工具，一种矫揉造作的表演，一种讨好和谄媚。

举个例子，曾经有个演员出演张爱玲的作品，想立一个文艺女青年的人设，发了一些古风小作文的文字，类似“你说应愁高处不胜寒，我便拱手河山供你欢”，落款“张爱玲”。其实如果好好读了张爱玲的文字，就会知道这根本不可能是她写的，她不可能是这个风格，虽然写了很多男欢女爱，却从来没有在小说中相信过爱情。该博主还称张爱玲的小说《半生缘》中的女主角顾曼桢“不够勇敢”。顾曼桢在民国那个年代被强暴、被监禁生子、弃子逃脱、独立生活、为了儿子复婚、又打官司离婚、自己工作且单身妈妈养孩子，何等勇敢。没有了解作品的年代背景和文字寓意，简单地以当代泛滥的大女主电视剧价值观去套一个经典小说的梗概，这就有点“刻奇”的意思。这位博主不关心小说，也不关心自己阅读后的感受，她关心的是自己说出读后感后别人怎么看她，为此，她让自己相信自己就是一个文艺女青年，并全力塑造这么一个他人眼中的自己，并欣赏一个这样的自己，沉浸在这种“我多么懂张爱玲”的感慨中。

再如不久前，纽约一个7个月的婴儿死于营养不良。因为她的妈妈卡拉坚持素食主义，只给婴儿提供蔬菜、水果和土豆为主的纯素食。她觉得自己十分明智，反对给孩子提供添加“化学成分”的配方奶粉，也从不给孩子接种疫苗。这在美国算是一种风尚，很多人信奉“自然的就是最好的”，支持素食主义和替代疗法。[1]即便在新冠肺炎疫情肆虐的时候依然坚定不移地反疫苗，他们认为自己给了孩子最好的，是崇高的、伟大的父母，即便不给孩子打疫苗也自我感动不已。

刻奇是一种入戏太深的“媚我”，而不仅仅是“媚俗”。

“媚俗者”如刘姥姥，她知道自己在媚俗，她知道自己扮演怎样的角色，知道自己的目的是讨人喜欢，媚俗者可以分清真实的内心和刻意的表演，也可以分不清。“媚我者”如上文的卡拉，她的讨人喜欢已经被内化为自我的需求，她已经分不清内心和表演了，她是演员也是观众，她自我陶醉、自我感动于其中。媚俗者尚能明确自己是谁，但刻奇者已然迷失了真正的自己。

举个例子。20世纪初有个群体叫“非主流”，本意是游离在“主流”之外的人。当每个人都认为自己是独特另类的“非主流”时，非主流就成了“主流”，个体性就湮没于群体之中。然而其中的人并不知道这些，他陶醉于自己的与众不同，下图展示的是非主流发型。

1　替代疗法，是由西方国家划定的常规西医治疗以外的补充疗法。按照西方的习惯，替代医学包括冥想疗法、催眠疗法、顺势疗法、按摩疗法、香味疗法、维生素疗法等，传统的草药和针灸也归在其中。

在网络环境中，刻奇行为会被放大。因为刻奇虽然是表演，却是一种真心实意的表演，表演者不需要知道自己是演员，但需要观众。网络上最不缺的就是观众。人总有几个朋友圈好友，总有几个粉丝，只要有表演，总会有人来看。

曾经有读者给我留言，问“为什么网上性别对立这么严重”——一是因为性别不平等客观存在，二是因为总有人戏瘾大发。

演戏的代入感爆表，已然自诩戏中人；看戏的沉浸式观赏，甚至看到一半忍不住进场表演。总有女性愿意扮演“爽文大女主”，幻想自己年轻貌美高学历，对立面是恶毒婆婆蠢小姑，无能渣男充大丈夫；总有男性愿意扮演“钻石王老五”，幻想自己能力卓绝又独醒，对立面是拜金捞女购物狂，“扶弟魔”全家靠他吃饭。《约会对象带闺蜜点了两万元的酒，我逃单了有错吗》《过年回乡下婆家，婆婆竟然给我吃这个》等文章总能获得网友的热烈转发和评论，因为这些帖子本身不过是搭了个戏台子，转发评论的诸位才是戏中人。不搞男女对立，认认真真发一些要求性别就业、财产权平等的声音，又怎么能刺激那么多人上台过一过戏瘾？至于为什么要刺激人上台，这就要问互联网产品的KPI设计初衷了——要怪，就怪这个靠流量吃饭的怪物吧。

奇妙的是，在大多数人刚开始伸着脖子演戏看戏的时候，已经有人迅速学会搭台子，搭得又大又醒目。这种行为被称为“恰饭”，这种“饭”即前文说的“财富密码”。

无论是刻奇者、冒名“怪人二十一面相”的模仿者，还是“个别的十一人”，都是去个体化的个人，茧房中面目模糊的自我。

3.3　群体极化和圈内商议

加州大学教授N. J Lee 曾在实验中发现，人在去个体化时比个体化时表现出更强的群体认同和更大的意见极化。以及，被试对伙伴的认同度越高、对伙伴的论点评价越积极，表现出越强的群体内偏向性。此处，我们涉及另一个概念—群体极化（Group polarization）。

很多时候我们需要群体决策，比如投票选举村长、业主委员会开会讨论要不要撤换物业公司、家庭会议讨论下个月去哪里旅游。如何让群体决策出一个更“正确”的结果，这是一个大问题。

比如雅典式民主有“陶片放逐制”，如果人们看谁不顺眼，只要有6000人以上（也有说法认为总票数超过6000，取得票最多者）认为他应该被放逐，那么这个人就会被放逐。

有一则轶事是这么说的：

雅典政治家阿里斯忒得斯，品德高尚、廉洁奉公，被人称为“公正的化身”。他在马拉松战役中第一次被任命为将军，并由于战功在之后被选为执政官。公元前483年，有人指控他里通外国——这里的外国指波斯——呼吁大家把他投出去。

投票日当天，一个不识字的市民走到阿里斯忒得斯面前，请他帮忙在陶片上写下“阿里斯忒得斯”的名字。他问那个市民：“你认识阿里斯忒得斯吗，为什么你要投票放逐他？他有什么做错的地方？”那个市民回答：“我不认识他，也不认为他做错了什么。不过人们到处都说他是‘正义的化身’，我听烦了。”阿里斯忒得斯听到后什么也没说，默默地在陶片上写了自己的名字。

所以当代的陪审团制度主要遵循“一致裁决”原则，而非“少数服从多数”，以尽量避免这种多数人的暴政。譬如找12个人坐下来讨论出一个集体意见，而非出12个个人意见并以多数者的意见作为陪审团的意见。电影《十二怒汉》就是表现这个制度的。12个人如何统一意见、分裂意见、扭转意见，很好地展示了群体协商的过程。

当我们需要在集体内经过不断的讨论，“裁决一致”以释放同一个声音时，群体极化就出现了。

什么是群体极化

当一群人在同一个信息茧房里时，茧房里的个体和个体之间很大概率会因为彼此气息相投而有更密切的交流。有研究证明，这些交流会影响人们的决策风格，改变决策的结果。

群体极化，是一个社会心理学术语，指一个群体做出的决策，相比其成员个体之前做出的决策更为极端。如果个体最初的倾向是激进的，群体的决定就会更激进；如果个人最初的倾向是保守的，这些决定也会走向更保守。这种现象还认为，一个群体对某种情况的态度可能会发生变化，即个人最初的态度在群体讨论后会变得更极端，这被称为态度极化（Attitude Polarization）。

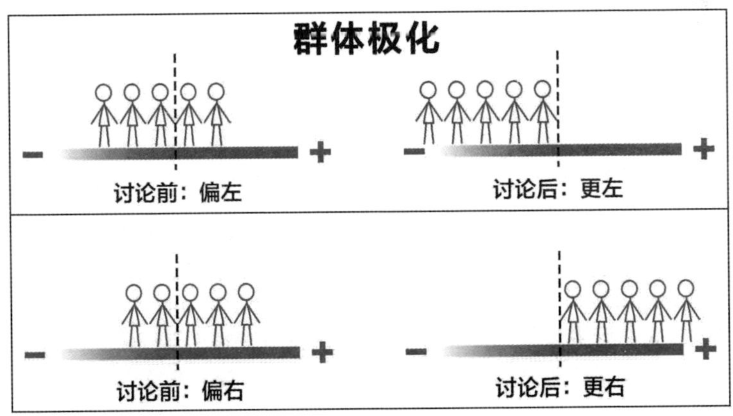

群体极化首先需要一个存在信息沟通的“群体”背景。比如班级、帮派、大院子弟的“大院”、学校社团、办公室小团体、跳广场舞的老头老太方阵、牌友的牌桌……都可以是一个群体。

一个典型的应用场景，以保健品讲座为例：一个觉得自己有点儿轻微不舒服的老太太，从讲座里出来后，就能确定自己气血两虚，需要食用补品调养；一个对子女不是特别满意的老头子，从讲座里出来后，就能确定儿子阻拦他买量子波动磁疗鞋垫是因为不舍得给他花钱，是在盼着他早死早分遗产。

几乎所有这类骗局都有一些类似的模式：第一步都是组织人们来听讲座，为此不惜送鸡蛋，送肥皂，租场地，贴心地准备茶水，送上如沐春风的笑容，展示出对自己亲爹妈都不曾展示过的殷切关爱——这一切，都是为了构建一个有共同偏好的群体。群体内部，则形成了信息茧房。

无论是这类保健品讲座，还是传销，还是有消费诉求的宝妈/宝爸育儿群，群体极化都需要满足两个条件：

1. 构建一个“群体”。
2. 在这个群体内部开展“群体交流”。

桑斯坦在《网络共和国》中提到这个现象。

> 举一些在几十个国家都发现的例子——
>
> - 在经过讨论后，温和的女性主义者会变成强烈的女性主义者；
> - 在经过讨论后，法国公民会更质疑美国这个国家及其经济援助的意图；
> - 在经过讨论后，原本就显示种族偏见的白人对“白人种族主义者是否该为非裔美国人在美国所面对的问题负责”，会表现出强烈的负面反应；

- 在经过讨论后，原本就没有种族偏见的白人，在面对相同的问题时则表现出正面的反应。

——《网络共和国》，凯斯·桑斯坦，上海人民出版社，2003年

桑斯坦的解释是：以上现象中的群体内讨论，看似“讨论”，实则不然，只是在谈谈某个既定想法罢了，正如大多数网上掐架，很少见到真正意义上的讨论，即那种有思辨性的、建设性的、心平气和的、寻求逻辑的讨论很少见；大多数只是意见的表达，和农贸市场“走过路过，不要错过”的大喇叭喊话差不多。

“群体极化”这个现象一直都有。把一群反皇权的人关在一起开会，出来可能就是雅各宾派；把一群讨厌黑人的白人聚在一起，出来可能是3K党。到了互联网时代，群体的构建变得十分容易，在微信上随手一拉就是一个对话群、论坛、贴吧、话题组、粉丝群……

有时候这些群内部交流的信息会流传出来，比如群聊截图、内部录音录像等，会让外部群众觉得匪夷所思：“怎么会有这么极端的意见？”“怎么会有人支持胎里素、支持全素育儿？”“怎么会有父母倾家荡产给孩子报一个游学班？”其实人家一开始只是有点不想杀生的意思、有点想重视子女教育的意思，一旦加入某些群体，一群人闷在一个小群体里一交流，互相撺掇，人脑就发酵起来了。

网络极化，比极端更极端

网络会提供更多的意见——能让人更容易听到相左的意见，也更容易听到相同的意见；能让人更容易找到志同道合的人，也更容易画地为牢成为更孤独的人。持续暴露于极端的立场中，听取这些人的意见，会让人逐渐相信这个立场。

早在1995年，在网络社交才刚刚起步的时候，堪萨斯大学和西弗吉尼亚大学的两位管理学教授就设计了一个实验[1]以证明：当团体成员匿名在网络上相遇，并强调团体认同时，极端化的程度会加深。

这个实验是这样设计的：

1. 实验团队精心制作了一则招聘启事和三份营销经理的面试资料，其中一位的资料最符合应聘的条件。
2. 实验团队将受试者93人，每3人一组，组成了31个讨论小组。然后把每一位候选人的部分资料分发给受试者。注意，每个小组成员拿到的都只有“部分”资料，而非全部，但是他们拥有的大部分资讯是相同的。并且他们所拥有的资讯远远超过实际需要的程度，且对资讯的阅读时间存在限制，也就是人为造成了一个“信息过载”。
3. 实验团队要求每个讨论小组做出一个最符合招聘要求的人事决策。这些讨论有面对面组内讨论的，也有网上以文字聊天方式讨论的。

1 “The impact of computer-mediated communication systems on biased group discussion”, R Hightower, L Sayeed - Computers in Human Behavior, 1995 - Elsevier.

实验有两个结果令人大吃一惊。

1. 群体极化现象相当严重。
2. 几乎没有小组做出正确的选择。并且，网上讨论的小组错误率更高。

原因如下。

组内讨论的参与者更倾向于得出一致的结论，而非和队友辩论。假设有A、B、C三份简历，当组内出现倾向于A的意见时，其他两位不会反驳他，而是会选择抛出手头有的、对A有利的信息进行沟通，尽可能让组内意见一致。

在现实面试中，不太会出现这种情况，是因为面试官得到的应聘者的信息往往只有一页A4纸或一本作品集，面试官之间的信息是共享的、一致的。但在现实的各种讨论中，这种现象就太常见了。实验中有两点非常关键：

1. 茧房里的人就某个议题发声时，每个人所拥有的信息都是不同的。其中既有大家共有的信息，也有自己独有的信息。当出现争议时，他们更倾向于抛出他们认为能代表群体利益的信息。
2. 茧房里人人处于信息过载的状态，无法处理所有到手的信息。

如上两条非常符合我们的网络生活经验。每个人的确拥有不同的知识背景，我们也的确长期处于信息过载中。尤其是推特、微博、论坛这种以文字为主要交流工具的社交媒体，以上现象更为明显。

有一段时间百度封了“戒赌吧”。为什么呢？因为虽然里面的主题是戒赌，但能想着“戒赌”的，大前提就是他曾经是（可能现在也是）——赌徒。赌徒和赌徒在一起能说什么？满屏都是“搏一搏，单车变摩托”。

我也曾眼看着某华人论坛上的湾区贫困线标准，短短数年内从十万美元、三十万美元、五十万美元一路提到一百万美元，远胜美国通胀率。某知识问答型社区常年充斥着“人在迪拜，刚下飞机”“人均985”“五十万年薪在北京怎么活下去”等问题。某平台一提情感话题，就是“反婚反育”“分手，下一题”：大家都在光速朝着极值奔去，再也不回头。网络社交降低了组团成本，让本来不是群体的人变成了群体，也使个体的意见变得更为极端。

圈内商议，极化的土壤

再重申一下“群体极化”的定义：一个群体做出的决策，相比其成员个体之前做出的决策，更为极端。如果个体最初的倾向是激进的，群体的决定就会更激进；如果个人最初的倾向是保守的，这些决定也会走向更保守。

激进和保守都是中性词，它们本身没有褒贬色彩，只是一种态度的选择。如果“激进”恰好站在“正确”的一方，那么群体极化倒是站在历史的正前方。譬如，在大多数人希望改良的年代，有一小群人喊出了“革皇帝老儿的命”，星星之火最终燎原。这种极化就是正向的。

在孤立群体中，发生于志同道合者之间的讨论，称之为圈内商议（Enclave Deliberation）。圈内商议对于大众群体的维系、亚文化的传播有着非常重要的作用。在一个同质性较高的社会中，少数人的声音并不容易被听到，因为“沉默螺旋”等效应的作用，这些声音甚至不容易被发出。

如果把意见的多样化比作生态多样化，那么“圈内商议”就好比某些海底火山岩边或是冰岩底下的特殊生态——脆弱的、边缘的、与世隔绝的小环境里维系着较为罕见的、独特的生物群落，其中既可能有外界从未见过的极具科研价值的新物种，也可能有让人类闻风丧胆的古老病毒。仇女Incel、激进女权、极右翼、极左翼、动物保护、动物虐待……一切皆可“圈内商议”，圈内皆可群体极化。

群体偏见

群体偏见（Group Prejudice）是一种常见的群体态度，指某社会群体中的个体对自己所属的内群体（in-group）偏爱和保护、对外群体（out-group）厌恶和贬损的现象。

英国社会心理学家亨利·泰费尔（Henri Tajfel）对该现象进行了广泛深入的研究，他认为群体偏见的关键决定因素之一是提高自尊的需要。人会把积极地看待自己的愿望转移到群体上，从而形成一种以积极的眼光看待自己的群体，反之就是以消极的态度看待群体外部。

我们讲到信息茧房，讲到人接收信息的时候，只听我们选择的东西和使我们舒适的东西。我们为什么“选择”听这个东西，而不是那个东西？为什么这个东西使我们舒适而不是那个东西？这倒是一个很有的聊的话题。

在这里，或许可以理解为“积极看待个体”（类似“我超棒，我好厉害”）是茧房内选择偏好的一种，它可以提高人的自尊，而提高自尊又令人舒适。当人在茧房内的时候，我们以茧房内部为一个群体，产生某种类似“移情”的态度，把对个体的情绪投射到对群体上。

一个人总会找到一个理由——无论多么微不足道——向自己证明为什么自己的群体是优越的。有实验证明，即便你随机把人分成红队和蓝队，待稍微互相熟悉一下，两个队就会搞出群体认同感和优越感。

历史上这种优越感特别多，这和种族矛盾、阶级矛盾夹杂在一起，循环往复没完没了。士大夫总觉得自己是高高在上的，不识字的平民是低劣的；中原之地的人总觉得自己文化正统，周边国家都是化外蛮夷。笔者个人很喜欢两句振聋发聩的话，第一句是“我蛮夷也”，另一句是“王侯将相，宁有种乎？”算是对这种习以为常的群体偏见的响亮反驳。

举个例子。在很多国家，陆军海军有截然不同的起源。他们风气不同、传统不同、价值观不同，存在某些微妙的对立，这被称为“军种对立”[1]（Interservice Rivalry），日本尤甚。明治时期，日本脚气病[2]大为流行，和肺结核并称日本两大“国民病”。脚气病在军队中尤为严重，造成了大量非战斗减员。日本陆军认为这是一种细菌感染，对病患进行隔离。日本海军认为这是饮食失调导致的，在饮食中加入麦饭。麦饭中含有足够的维生素B1，能够有效预防脚气病。甲午战争期间，日本陆军4000余人因脚气病死亡，而同时期海军因脚气病死亡人数为零。

此时正值日本陆军与海军严重对立，甚至达到双方派人互相暗杀高级将领的那种程度。脚气病的病因是什么已经不是最关键的问题，预防、治

---

1 军种对立，指一国军队内各个军种（如陆军、海军、空军）之间的不和、竞争等对立关系。在英语中，用以称呼军种对立的词汇“Interservice Rivalry”，亦可形容同一国的情治单位（如美国的中央情报局和联邦调查局）之间的对立。

2 脚气病是一种由缺乏维生素B1引起的疾病，病症包括体重下降、精神萎靡、感官功能衰退、体虚、间歇性心律失常。在以精制白米为主食的区域中，脚气病一度很常见。此种米因为去除了米糠，所以可以增加保存期限与提高口感，但也因此去除了维生素B1。需注意脚气病非“脚气”或俗称的“香港脚”。

疗脚气病的有效方案是什么也不是关键的问题，关键是立场。陆军觉得“我们这个群体一定是正确的，对方一定是智障”，不巧海军也是这么认为的。所以，即便在如此明确的数据对照下，部分日本陆军偷偷使用麦饭治疗，也被陆军高层阻止，并继续推进消毒丸治脚气病的策略。后来日俄战争时期，日本陆军近3万人死于脚气病，为这种群体偏见埋单。

破解“群体偏见”也未必很难，把每一个人当作一个平等的个体，然后在各方个体意见上做到“不双标”就行了——然而众所周知，“不双标”说起来容易，做起来却十分困难。

3.4　信息串联和信息死角

什么是信息串联

今天我去买西瓜，想买一个好瓜。我选了一个西瓜，敲了敲，觉得这个瓜不太行。这时王老伯过来敲了敲，说“这是个好瓜”。站在旁边围观的李老伯也过来敲了敲，说“这是个好瓜”。我假设他们各自的判断有高于50%的正确率。现在，我认为“这是个好瓜”的概率比较大。

我的这个决策原理可以在数学上用贝叶斯定理做出证明，此处略过。数学上还能证明，敲瓜的人越多，我的决策正确率越高。

这时候又有一个叫小明的人也来买瓜，问我“这个瓜好不好？”我基于王老伯和李老伯的判断，说“这是个好瓜。”于是小明也觉得“这是个好瓜”。

以上就是一种信息串联。

信息串联（Information Cascade，也译为“信息瀑布”）是一个行为经济学现象，指人依次连续做出相同的决策——这个决策可能是正确的，也可能是错误的。信息串联是一种从众行为，而非群体决策。在上面的例子中，瓜到底好不好，得用刀切开才知道。

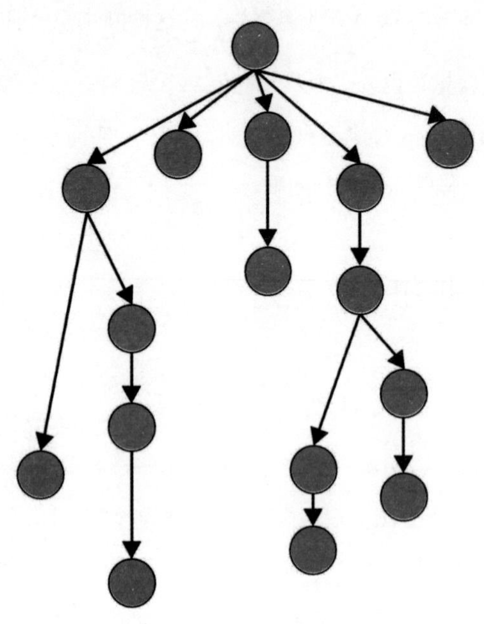

信息串联可以被拆解为5个基本组成部分：

1. 需要做一个决策。
2. 存在有限的决策空间。
3. 信息串联中的人依次做出决定，每个人都能观察到较早行动的人做出的选择。
4. 每个人除了自己的信息外，还有一些信息有助于指导自己的决策。
5. 信息串联中的人不能直接观察外部信息，但可以从别人的所作所为中推断出这些信息来。

在现实中，情况会更复杂多样一些，比如王老伯和李老伯可能会给出不同的意见；比如前面可能会有三十个人敲这个瓜，并给出不同的意见；比如我可能不听取前人的意见，而是相信自己的判断；后面的小明可能明明觉得这是个好瓜，却偏要说“这是个坏瓜”。个体上，会存在某些点连不起来，但整体上，信息串联的现象依旧存在。

我们在做判断和决策时，有相当大的比例依赖前人的决策，而非自己的判断。我们依据前人的信息，把信息传达给多个人，多个人再各自传达给多个人，形成指数级扩散，最终呈现出“星星之火可以燎原”之势，比如——谣言。

信息串联是谣言的传播机制之一。根据桑斯坦的传播学理论，谣言的其他两个机制是群体极化和偏误同化，我们在前文中已经详细讨论。

一个谣言，无论听上去多匪夷所思，只要一开始有人信了并传播，接下去接触到的人就会更容易轻信。

说到这里，有人可能会有这样的疑问：大部分人，包括医生、科学家、历史学家等专业人士并不处于知识的开端，他们会不可避免地沿用既有的成果，那么，这也算信息串联吗？我们继续讨论——

信息死角

这里涉及一个概念：信息死角（Hiden Profiles）。

信息死角是一种社会心理学现象，指的是：在群体协商中，每个人对于决策都持有各自的信息。一部分信息被分享，另一部分信息没有被分享出来。而后者，恰恰是做出正确决策的关键。

在大多数情况下，我们觉得群体协商是有效的。一群人在一起讨论，得出一个结果，会比个体独立做出的结果更正确。但是，如果一群人讨论的时候，倾向于分享群体中已经被公开的意见，并为此隐藏对其不利的信息，此时群体决策就会出错。这种情况在信息茧房里特别常见。

举个例子。全班同学讨论毕业旅行去哪里玩，有两个选项：上山，下海。大部分同学想去海边，纷纷表达了意见。其中有一位同学家就住在海边，他知道这个季节海边容易起台风，不太安全，但此时群体中已经形成了主流意见，大家都想“去海边”。为了不与群众为敌，他默默隐藏了这个信息。后来大家去了海边，果然起了台风，只能在酒店进行毕业旅行。

在这个案例中，就出现了信息死角，一个对正确决策起到决定性作用的信息没有被分享出来，它被隐藏了。

这是一个在信息串联中经常发生的现象：人们并不分享他们私人所持有的信息。

假设前文的王老伯对我说：“判断西瓜好吃不好吃，一看瓜蒂，二听声音。瓜蒂老，说明西瓜熟，声音清脆，说明含水量高。这样的就是好瓜。”李老伯对我说：“我认识瓜摊老板娘二十年了，从来没有卖过孬瓜。”——此处，两位分享了他所知道的私人信息，我听了他们的分享再做出的判断，就不再属于信息串联中的一环。

所以回到前文中的问题：“大部分人，包括医生、科学家、历史学家等专业人士并不处于知识的开端，他们会不可避免地沿用既有的成果，这也算信息串联吗？”

有些不算，有些算。

现代科学技术和理论的发展，往往通过“发表论文”这种形式来展示。发表论文的形式，正是私人信息的分享。这是作者个人的、前所未有的新发现、新论据、新创造，在论文发表之前，它们不属于公共知识。紧接着作者的后来者——往往是论文的审稿人——在接受他的结论时，一定会通过这些信息来判断自己是否要相信这些论断，而非直接引用。

例如，一个人推导出一个理论，那么在该公式发布时，他必须提供所有推导过程或实验过程。否则他的学术成果不会被学术圈承认。这就避免了信息死角和信息串联。如果这个公式大家都觉得正确，随着时间的流逝、权威的建立，后来者会不假思索直接使用这个公式，对该公式建立的推导过程或实验过程的关注度会下降，但相关信息依旧有据可查，依旧是公开的。

但学术上也存在很多信息串联现象。

在很多历史读物甚至专业著作上，会提到一个典故：在第三次布匿战争中，得胜的罗马人在迦太基的土地上撒盐，既破坏耕地，又算是某种诅咒。

这个故事一直被广泛相信着。迦太基位于海边，盐不难得；撒盐仪式在很多文化中有驱邪、下咒等巫术意义，这让这个典故听上去非常合理。

历史学家罗纳德·雷德利（Ronald Ridley）发现[1]，这个说法源于霍尔沃德（Bertrand Hallward）撰写的1930年版《剑桥古代史》的相关章节。撰写相关篇目时，霍尔沃德还只是一个“年轻的历史学者，几乎没写过什么东西”。这几乎是他凭空杜撰的一个典故。

然而，在霍尔沃德短短几句没有来源的文字之后，一大列历史学家加入传播这个典故的队伍中来：H. Scullard、G. Walter、G. Picard、B. Warmington、S. Raven、G. Herm、S. Tlatli……每个人都相信了，并不断拓展引用链的下游。前人没有分享他们的私人信息，后人没有亲自去验证核实这个信息，而是轻率地引用了前人的说法，或者说，选择相信了

1　参见论文“To Be Taken With a Pinch Of Salt: The Destruction Of Carthage”。

“剑桥古代史”这块牌子。此刻，信息串联便形成了，信息茧房也同步形成。

当信息需要跨越不同国家、语言的隔阂时，验证核实信息的成本增加了，人们更倾向于相信而不是亲自查证。于是，信息串联更为明显了。

中文世界还流传着一个“拿破仑的铝皇冠”的故事：在拿破仑时代，电解制铝的技术尚未发明，铝还是一种贵金属。拿破仑曾用铝打造了一个皇冠，在巴黎万国博览会上向来宾展示。在百度中搜索关键词“拿破仑”“铝皇冠”，能看到大量公众号绘声绘色地讲述这个故事。

乍一听，有点可信，因为：

1. 铝一开始的确很贵，依据1855年的制铝法，成本高过黄金。
2. 拿破仑本人也的确喜欢皇冠。
3. 1855年巴黎万国博览会，的确让拿破仑很上心。

但实际上，拿破仑从来没有做过铝制皇冠。

在能够找到的史料中，有记载的是拿破仑曾用全套铝制餐具招待最尊贵的客人，以及，他在巴黎世博会上展示了十二个铝锭。

这方面笔者很有经验。我曾不小心错译某份有趣的史料并发布到网上，一时有很多公众号来抄袭，并添油加醋地制造出不同版本的衍生物。最后这些信息互相叠加，制造出一个板上钉钉的事实。一个人出错，受众会有警惕之心，一群人沿着这个人的路径一直出错，那就变成了真理，因为那个错误在重重转发之下，甚至已经不是“孤证”了。即便我大声疾呼：“对不起，我翻译错了，不是这样的”，也没有人会相信。

信息串联的应用

信息串联现象在商业上非常常见，当消费者对产品信息一无所知的时候，往往会依赖其他消费者的经验分享，信任他们提供的资讯。而信息串联是一种从众行为，可能导致错误的决策，这一点消费者自己也很清楚。

所以当下的消费者如果准备买一支口红，其中很大一部分动机不是来自空投广告，而是来自朋友的口口相传，或是来自信任的小红书博主推荐，或是B站美妆UP主介绍，或是带货主播的疯狂“安利”。和传统广告不同，这些新兴渠道会演示试用过程、分享用户体验，在手臂上手掌上涂满颜色。这种个人体验属于私人信息，而私人信息的分享，恰给潜在消费者一个暗示：这些信息是靠谱的，不是人云亦云的，不会形成信息串联。

在餐饮消费中，这种体验分享式的自媒体号也十分流行，比如有“探店”号，去现场点菜，现场点评。和传统的空投广告相比，这些自媒体号不管收了多少广告费，他们在介绍产品的时候，依然是以消费者的身份，而非产品的展示者。他们从消费者的角度分享使用产品的私人信息。

当消费者对产品一无所知时，就会非常仰赖“前辈”的意见。于是，在购物网站上，商品评论区就成为兵家必争之地。消费者和商家总是存在某种信息差。潜在消费者想知道比较靠谱的商品信息，除了亲自购买，最便捷的方法就是去看商品评论页面。在信息传播链上，之前的消费者为之后的消费者提供决策依据。于是，“买好评”行为就出现了。“买好评”通过向后来者提供先行者的消费意见，以制造信息串联，并且在这个串联里，信息的方向是可控的。

在串联的信息中，除了对KOL所分享的信息的信任，还有一些非理性的盲从。

早些年我曾做过电影票房预测模型。对大多数电影来说，上映前三天的票房数，甚至第一天的票房数，很大程度上奠定了一部电影整体票房的基础。对于绝大多数商业电影，根据前三天的票房数据，基本可以把电影总票房预测得八九不离十。这不仅仅是因为电影这个文化产品非常依赖口碑传播，更因为“大家都在看，我也得去凑个热闹，否则都不知道朋友们在聊什么”的从众心态。

所以好莱坞的惯例是，在一部高成本的新电影试映结束后，如果观众反响不佳，发行方会加大初期的营销投入，而不是减少投入，这样才能在第一周聚集起尽可能多的观众。在行业内，市场人员称之为“砸水花”，同样一笔推广经费，与其细水长流用一年，重复加深消费者印象，不如在短时间内密集投入，用钱砸出一个水花。

很多新兴品牌也会使用这种策略。譬如某一段时间，似乎所有美妆博主都在推荐巨贵无比的××牌吹风机，某一段时间，又似乎所有科技产品博主都在推荐某款青轴键盘。当受众对这款吹风机和青轴键盘一无所知时，很容易受信息串联效果的影响，被诱惑着去购买——大家都在买，肯定不会差吧。

借着这股KOL的风，中国女装电商平台Shein 绕开明星代言，狂铺基层意见领袖，已经悄悄成为低调而耀眼的独角兽。据报道，这个在中国本土毫无动静的平台，最新一轮融资估值已超3000亿元人民币，并已取代亚马逊，成为美国iOS和安卓平台下载量最大的购物应用。这或许算是信息串联在商业上的极致应用。

有时候这些被信息串联的商品不是小物件，而是重大资产，其需求暴涨、物价波动甚至足以动摇一个国家的经济稳定。2007年美国次贷危机就是一个典型的例子。房屋贷款被证券化，层层包装，包装到后来完全看不出底层资产是什么，然而每一次包装都有人接盘。大家都相信房价会涨，大家都相信奇奇怪怪的金融衍生品可以买，大家都在赌国运，最终将付出代价。

在网络社交媒体中，这种现象也十分常见。比如在一个十八线博主某条有争议观点的微博下——往往是二元对立的观点——如果最初的三条留言是肯定博主的，那么接下去的评论会哗啦啦一片倒向博主；如果最初的三条留言是反对博主的，那么接下来的评论也大概率会反对博主。在评论区，大多数人总是更愿意支持和自己相同的观点，而非反驳可能有争议的观点（之所以强调“十八线”博主，是考虑到十八线博主往往是真人说话，而非营销号。面对真人博主，反对意见会更谨慎地表达，毕竟是人家的地盘，挨骂拉黑都是可能的）。

声誉串联

声誉串联（Reputational Cascades）和信息串联很相似，都是仰赖他人决策作为自己决策的依据。不同的是，在声誉串联中，人们选择从众，并不是因为觉得“别人”的意见可能更正确，而是不想成为反对者；不想暴露对方的无知；或是不想自己被误解。

这就是为什么相亲特别容易遇到奇葩。

当你身处“同城活动”“同学/同事联谊”等气氛暧昧的聚会时，在热络气氛的务虚话题中穿梭，永远不乏匪夷所思的言论和意义不明的微笑。反对者总是无意辩驳，立论者以为自己备受赞许。当一个观点被抛出时，人们击鼓传花纷纷表示认同或默认以后，就开始了声誉大串联，之后的人很难有勇气提出反对意见。

有时候串联未必形成，但对“声誉”的屈从倒是非常常见的。

下图是一张非常著名的照片。美国东部时间1945年8月14日，日本向同盟国告知无条件投降的决定。美国人民得知这一消息后，欢欣鼓舞，纷纷走上街头庆祝。在庆祝的队伍中，一名男性水兵热情拥吻一名女护士，摄影师艾森斯塔特拍下了这一幕。

事后，有多名男性和女性表示自己是该照片中的主角，其中被广泛认同的一位女性为格丽塔·弗雷德曼（Greta Zimmer Friedman），她表示她并不是“自愿”接吻，而是被突然“抓住”的。她也没有抗拒和追究，因为在当时的气氛下，这种事情非常常见，她担心抗拒会让对方觉得她“不爱国”。

放在过去，这是英雄的浪漫的一吻，放今天来看，这是性骚扰，是女主迫于某种“声誉”，迫于氛围，不得已而从之。

声誉串联常常和信息串联在一起，相辅相成，互相强化。美国史上最大的庞氏骗局——“麦道夫骗局”就是最好的例子。

麦道夫骗局

2021年4月，伯尼·麦道夫（Bernie Madoff）去世，享年82岁。

这个人堪称“骗子界的顶流”，官方身份是纳斯达克交易所主席，但他还有另一个身份——人类史上最大的金融诈骗案的主犯，堪称前无古人，后无来者。无论什么事情，一旦做到前无古人，便值得我们一观了；而随着金融监管制度的不断加强，这类“后来者”想要出现也会越来越难。

麦道夫的骗局说难不难，说简单也不简单。他发家于华尔街还在用纸质票据和纸质报价单的年代。当时的股票报价单为粉红色，称为“粉红票（Pink Sheet）”，在表现早年股票交易信息的电影中多有体现，比如《华尔街之狼》。

1968年，华尔街股票交易量迅速增加，纸面交易已经无法应付日常的交易需求，纸质交易单据效率低下堆积如山，甚至有不少公司因为无法及时处理纸面交易导致的人工错误而倒闭。这被称为“纸面危机（Paperwork Crisis）”。

于是，主管券商要求将纸面交易转型为电子化交易。1971年，一家电脑公司帮券商设计了一套“全国证券交易商协会自动报价系统”，英文全称为National Association of Securities Dealers Automated Quotations，缩写为NASDAQ，这就是后来大名鼎鼎的纳斯达克。之后，这成为一个电子化的交易市场，和标普500指数、道琼斯工业指数一样成为美国最重要的股票指数之一，见证了美国科技股的发展。

麦道夫在这个世道风口中，坚定站在新技术新市场的正确方向，并借着这股东风迅速开拓市场。1985年，他开始用“价差套利交易”做期权买卖。

1987年10月19日，是一个黑色星期一，这一天美国股市迎来历史上第二大崩盘。道琼斯工业指数下跌22.6%，跌幅比第一次大崩盘——1929年触发大萧条的股灾当日——还要严重一倍。当日纳斯达克只跌了11.3%，跌得比较少是因为卖单太多系统直接崩溃停摆了。这次大崩盘导致很多客户找麦道夫撤回资金。面临极大现金压力的麦道夫被迫悄悄地拆东墙补西墙，用新人的钱还老人的债。最后他因此挺过了这次危机，获得了极高的信誉，也因此备受启发，开启了大规模旁氏骗局之路。

之后麦道夫一度成为纳斯达克最大的做市商，并担任纳斯达克证券交易所主席，利用他极高的声誉开展人类史上最大的庞氏骗局游戏。用一位麦道夫研究者的话来说[1]，麦道夫不断利用新入投资者的钱去支付抵充老投资者的收益，这就好像一个“抢椅子”的游戏，他很清楚他所拥有的椅子并不够所有人坐，但如果这个游戏没有人喊停，就永远不会有人发现“椅子不够坐”这个事实。

1 “The Wizard of Lies: Bernie Madoff and the Death of Trust”, Diana B. Henriques, St. Martin’s Griffin,2017.

> 如果不是2008年金融危机导致他的资金链断裂，这个游戏不知还要玩多久。最终一夜梦醒，受害者遍布全球，损失500亿美元以上，其中不乏瑞士银行、汇丰银行等专业投资者。
>
> 这个案例很有意思的一点是，麦道夫诈骗案最核心的资产，不是他的公司、游艇、庄园，而是纳斯达克证券交易所主席的头衔，以及他慈善家、华尔街领袖、投资天才的标签，这些标签为他赢得了极高的声誉。极少有人去关注他的游戏规则是什么，数学模型可否实现。他的客户很多是社会名流，甚至不关心自己能不能通过他挣钱，因为到最后，声誉本身已经成为一种产品：麦道夫的投资渠道并不向所有人开放，而是以"熟客介绍"为主，能结交麦道夫、投资麦道夫这件事本身，就足以称耀华尔街，足以令人满足。这大概就是声誉串联的极致了吧，是中国当年那些替无良P2P站台的经济学家、社会名流所望尘莫及的高级玩法。

信息串联和声誉串联会让人丧失自己的判断，陷入一种从众心态。当人在茧房之外时，它们会加剧茧房效应；当人在茧房之内时，信息茧房内的均质化信息也会让串联现象加剧，二者和信息茧房也算是彼此成就对方了。

3.5　过滤泡和回声室

过滤泡

过滤泡（Filter Bubble）是谈到"个人的信息茧房"时绕不开的一个

话题，这是作家伊莱·帕里泽[1]创造的一个术语，又称之为“个人化资料过滤”，指的是在个性化搜索时，网站算法根据用户的信息，如位置、过去的点击行为和搜索历史，有选择地猜测用户希望看到的信息，从而导致的一种知识隔离状态。

在20世纪90年代互联网刚刚兴起的时候，人们乐观地认为互联网将大大消弭距离造成的认知差异，将来实现“地球村”，人们生活在同一片蓝天下，追求普世价值观，拥有共同的理想。如今，我们发现我们总是猜中故事的开头，但通常猜不中结尾。即便是在同一片蓝天下，我们所见到的也不是同一个世界，而是“楚门的世界”。[2]

在这个世界里，过滤泡把每一个人包裹在不同的信息窗口中，所有的信息都为你量身定做。

2010年，英国石油公司租用的一个深海钻油平台发生井喷并爆炸，3个月间，420万桶原油泄漏，覆盖2500平方公里的海水，对周边水域造成严重污染。这桩事故一时间震惊世界，激起渔业团体、环保组织、多国外交部门等多方讨论。

伊莱·帕里泽委托他的两位受教育程度相似的朋友在Google上搜索有关的消息。两位朋友在Google搜索框中使用同一个关键词“BP”（英国石油公司British Petroleum的缩写），其中一位的搜索结果是深水地平线漏油事件的信息；另一位获得的却是关于该公司的投资信息。

1 Eli Pariser，作家、活动家和企业家。其于2004年成为MoveOn.org的执行董事，并且是Upworthy和Avaaz的联合创始人。他在他的畅销书《过滤泡：互联网对我们的隐秘操纵》中将“过滤泡”变为专有名词。

2 《楚门的世界》，英文名为*The Truman Show*，是一部于1998年上映的美国科幻喜剧电影。影片记录了男主角楚门的生活——由实境秀节目建构出来，播送给全球数十万观众。随着剧情的进展，楚门逐渐对他身处的世界有所怀疑，开始有了一连串的疑问并发现了这个“世界”的真相。

帕里泽因此意识到，搜索引擎可以随时了解用户偏好，基于用户需求或商业利益或别的原因，为用户打造个性化的信息世界。与此同时，信息的“隔离墙”也会筑起，用户只能处于这样一个个性化的世界中，恍若置身于一个与世隔绝的“网络泡泡”，远离异质观点的交流。他因此将该现象称为“过滤泡”。

举一个常见的例子。譬如基层员工在购物网站上搜索“咖啡机”，搜索出来的都是几十块钱一个的滴滤式咖啡机，该员工的老板在上面搜索“咖啡机”，搜出来的是六千块钱的半自动现磨咖啡机。购物网站根据两位的过往消费记录、消费行为测算出一个消费人格，根据不同的消费人格类型提供不同的广告信息。这种广告信息往往能高效匹配人们的需求，基层员工的确对几十块钱的滴滤式咖啡机感兴趣，而他的老板，往往也的确想找一台半自动现磨咖啡机。

但如果这不是购物广告，而是新闻通讯、新闻评论、观点、意见或好友发的日常呢?

最典型的例子包括谷歌个性化搜索结果和Facebook的个性化新闻流。帕里译认为，过滤泡效应可能会对网民的话语权产生不利影响。Facebook会帮你挑选新闻，算法觉得你对某些声音不感兴趣，就会对某些声音进行降权。一方面，从那些被降权的人的角度来看，他们就像被堵上了嘴，这是对他们话语权的伤害；另一方面，信息的接收方收到了被“处理”过的信息，他们被封锁在过滤泡之内，是对他们知情权的伤害。

在过滤泡中，用户与那些与他们观点不同的信息分离，有效地被隔离在自己的文化或意识形态气泡中。这些算法做出的选择并不透明，我们并不知道算法是如何进行选择操作的，很有可能算法自己也不知道，只是被训练出来的AI通过无数次模型拟合，得出最有效率的方案。

回声室效应

回声室效应（Echo Chamber），有时亦俗称为同温层效应，指在一个相对封闭的环境中，一些意见相近的声音以夸张或其他扭曲形式重复，令处于相对封闭环境中的大多数人认为这些扭曲的信息就是事实的全部。

在现代社会中，由于互联网的应用和社交媒体的发展，令回声室效应更加突出。部分商业网站会汇录与分析用户的搜寻结果和使用习惯，持续地提供用户所喜欢的内容，导致一个人在同一网站中接收到的资讯被局限于某个范围内：这可能会加剧政治和社会的两极分化和极端主义。

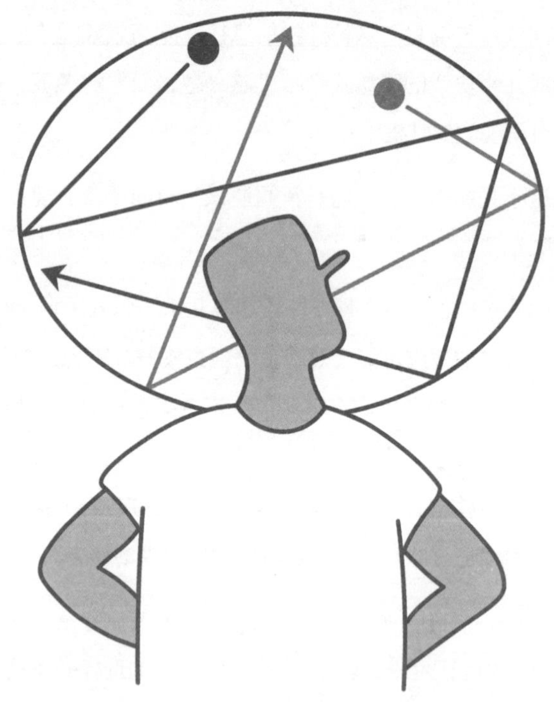

“回声室效应”和“过滤泡”有所不同。

当我们提到“过滤泡”的时候，一般指的是客观因素，指网络平台通过技术手段，制造出一个客制化的世界。这个世界可以是投其所好的，也可以是投其所恶的，主要看产品经理的KPI怎么设置。如果产品经理的KPI是用户留存率，比如一个月的留存率，那他就会尽可能地推出该用户喜欢的内容；若KPI是24小时留存率，那算法就会更激进更“谄媚”一些。但如果产品经理的KPI是活跃率，那他就会放出有争议的话题，或是和用户对立的观点，这样用户才有可能去参与“掐架”。

当我们提到“回声室效应”的时候，一般指的是用户自身的选择，是主观主动的选择，是在信息畅通的前提下，用户自己通过选择构造出一个客制化的世界。

那么问题就来了，什么是主动？清朝政府三令五申禁止缠足，民间还是哭着喊着要缠足，甚至这股风气由汉人传到满人，不乏满人女子以缠足为美——这算“主动”吗？

被裹挟在信息流中顺流而下的人，真的可以有自主意识吗？客观的算法可以“投其所好”，主观的人自己也可以“投自己所好”，那么如果算法根据人的偏好过滤一遍信息，这偏好到底算谁的？这些信息处理的偏好，还有主客观的边界吗？

回声室效应是指人主观的选择无误，然而随着科技不断接管人的工作，从动力到机器，从体力到智力，这个边界变得越来越模糊。

过滤泡效应是一个被动效应——并非用户自己选择了被包裹在气泡中，而是网站平台提供了气泡作为人与人的隔离；但用户选择使用这类网站，说明网站的这种选择在某种程度上被用户本人认可，依然是构成信息茧房的一部分因素。过滤泡效应有可能造成信息茧房。过滤泡和信息茧房都可以指向确认偏误和偏误同化、去个体化和刻奇、群体极化和圈内商议，而它们所指向的这些现象，也可以反过来强化信息茧房的构筑。

本书第1章就提到“信息茧房强调人的主观选择”，然而从主观出发一路讨论到现在，我们必须意识到“主观认知”具有相当大的局限性。在心理学、传播学、社会学中都存在如此多的主观认知偏误的现象，导致信息茧房一再出现。在后面的章节中，我们将从“客观”的角度，谈一谈“信息”本身是如何导致茧房的。

总之，天下之大，信息之多，人总是无处可逃。

第 4 章
chapter 4

信息本质：于混沌中见有序

在前面的章节里，我们多从社会心理学、传播学的角度分析信息茧房效应对群体和个体的影响。从这一章起，我们将深挖信息茧房的本源，从“信息”究竟是什么讲起，以信息论的角度探讨信息茧房的根基。

4.1 薛定谔：生命以负熵为食

时间的方向

把自然科学的原理直接应用于社会心理学，这不是一个好习惯。因为自然科学领域的术语、定理往往有严谨的适用条件和应用环境，但我们可以以此为一个比喻，帮助我们更好地触摸信息的本质。

瀑布的水逆流而上，

蒲公英的种子从远处飘回，聚成伞的模样，

太阳从西边升起，落向东方。

子弹退回枪膛，

运动员回到起跑线上，

我交回录取通知书，忘了十年寒窗。

厨房里飘来饭菜的香，

你把我的卷子签好名字，

关掉电视，帮我把书包背上。

你还在我身旁。

——香港中文大学电子杂志微情书征文大赛一等奖作品

这首诗曾经红极一时，非常美，也非常伤感。它描述了时间的方向，并且我们知道这是不可逆的。无法逆转的时光，不可追回的情绪，是诗歌的一大母题。我们很自然地觉得“时光不可逆”“逝者如斯夫”。

但时间真的有方向吗？

我们先拿空间做引子。在经典物理学的世界中，空间没有方向性。你往左边推一个小球，小球滚到某个位置，同样条件下，你换个方向，往右边推小球，小球会滚过一样的距离。当你做到含引力在内的所有外力一致时，左右前后上下，怎么推都没有差别。毕竟从太阳系看，没有绝对的“上”和“下”，“上”和“下”是以地心的方向为坐标的。从物理角度而言，这一切都一样，只是坐标系的翻转而已。

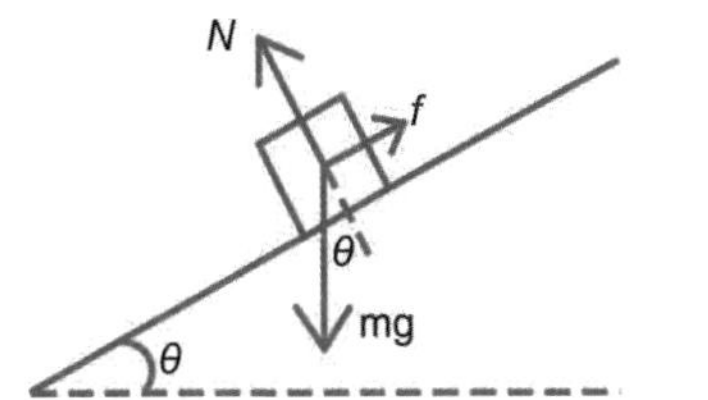

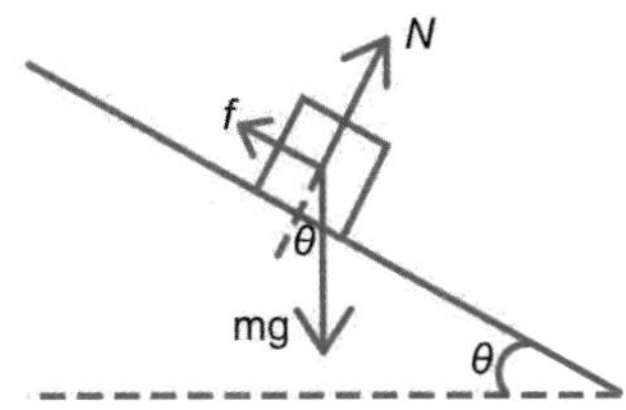

方位的坐标系可以随意定义，时间的坐标系也一样。

法国物理学家莱昂·布里卢安在1949年说道：“时间一去不返，这一事实让物理学家感到大惑不解，毕竟所有的基础物理定律都是可逆的。”[1]

无论是描述引力的广义相对论，还是描述微观粒子的量子力学，或者是描述电磁现象的麦克斯韦方程组，都没有直接表明时间具有单方向性。时间是正向流逝还是逆向流逝，这些公式都适用：它们是时间对称的。小球从过去滚到现在，从现在滚回过去，都只是坐标系的翻转。

那么，为什么我们作为人类，在生活经验中会觉得时间具有方向性呢？

譬如视频可以顺着播放，也可以倒着播放。如果你看到一段小球左右滚动的视频，我们并不能判断这个视频是否被倒放了；但如果我们看到面粉和水在搅拌机中聚合，渐渐有了清晰的边界；灰色橡皮泥越揉颜色越鲜艳，变成红绿两团；龙卷风卷过，一片狼藉变成一座整洁的小屋……我们会想到这些视频是倒着播放的，因为这不符合人类的生活经验。

我们用经验定义了时间的坐标。经验告诉我们，在地球上，一个没有被上下翻转的视频里：水流由上而下；蒲公英的种子只会被风吹散，不会

1　Leon Brillouin, “Life, Thermodynamics, and Cybernetics” (1949), in Harvey S. Leff and Andrew F. Rex, eds., *Maxwell's Demon 2 Entropy, Classical and Quantum Information, Computing* (Bristol, U.K.: Institute of Physics, 2003), 77.

聚拢成一团；墨水浸润纸页，无法逆流回钢笔——用一个词总结这一切的特征，就是“熵增”。

我们观察到了“熵增”，就认为时间是流动的，并且流向“熵增”的方向。我们用是否熵增，来判断视频是否是倒着放的，来判断时间的方向。

是人类根据经验观察，“用熵增的方向，定义了时间的方向”，正如我们总是自定义受力分析图的坐标。但经验之外的真实世界呢？时间未必有方向。或许，人生只是像《你一生的故事》中所描述的那样，人生没有开始，也没有结束。当我们真正理解这句话时，便会明白它非常有利于减压舒眠，在这个“卷”得厉害的年代，这句话值得被裱起来放在床头。

熵增的方向

熵的概念，在每个领域各有解读。在这一节中，熵指广义的熵，也指热力学熵，严格点来说，是统计热力学熵。作为一个热力学概念，熵用于形容能量可用于做功的程度，也可以被通俗地描述为无序或混沌的程度。为什么会熵增？统计热力学有它自己的解释。

譬如，我从一副54张的扑克牌里抽取5张，一共有$C_{54}^{5}=3\ 162\ 510$种可能。如果我要求这5张牌是同一种花色，即“同花”，那么就有$C_{13}^{5}*4=5148$种可能。

这里，每一种抽牌的“可能”，我们称之为微观态。从54张一副的扑克牌里抽取5张，一共有3 162 510种微观态。出现“同花”这种情况，我们称之为宏观态，这种宏观态下包括了5148种微观态。由此可以计算出“同花”的概率是$p_1=5148/3\ 162\ 510\approx0.163\%$，非同花的概率$p_2=1-p_1\approx99.837\%$。

微观态个数少的宏观态，我们称之为“有序”；微观态个数多的宏观态，我们称之为“无序”。在这里，“同花”是有序的，“非同花”是无序的。“有序”和“无序”并不是绝对的。比如相比更为有序的“同花顺”，“同花”是一种更为“无序”的状态。

熵，就是一个用来对“无序”程度进行描述的概念。物理学家玻尔兹曼提出了熵的计算公式$S = k\ln W$，其中k是一个常数[1]，W即上文说的某宏观态所对应的微观态数量。

根据人类的经验，随着时间的流逝，自然过程总是从有序到无序变化。

我们随手洗牌，无论是同花顺还是同花，在绝大多数情况下都会变成随机序列，再从中抽取5张牌，成为同花的可能性就很低。当牌的数量从54张变成540张、540 000张，乃至接近分子的数量级时，形成“有序”牌组的难度会呈指数级上升，其可能性类似让一只猴子随机在电脑上按键，最后打出整本《红楼梦》：逻辑上不能说绝对不可能，只能说可能性微乎其微。

和面时，面粉和水会均匀地混合在一起。我们陪小朋友捏彩色橡皮泥，最终状态总是脏脏的灰色一团，颜色不会越来越鲜亮。室温下的热水总会慢慢变冷。龙卷风吹过后，村庄一片狼藉。万物总是随着时间向着平均、无差别的方向变化。

1 即玻耳尔兹曼常数，1.38×10^{-23}。

这便是“熵增定律”，即“热力学第二定律”，表述为：

孤立系统自发地朝着热力学平衡方向，即最大熵状态演化。

简单地说，热力学第一定律是说能量守恒。在孤立系统内，能量只能转化，不能凭空多出来。一杯温水放在一个空间中（水温高于室温），会形成一个孤立系统，在不对它做功的情况下，不可能出现以下情况，即便它们符合热力学第一定律：

1. 水温上升（高于初始室温），室温下降。
2. 水温下降（低于初始室温），室温上升。

热力学第二定律是说能量趋于均衡。一杯热水放在密闭房间里（水温高于室温），在不对它做功的情况下，水温必然下降，房间温度必然上升，而不会是水温变得更高，房间温度变得更低——虽然后者一样符合热力学第一定律，一样能量守恒。

由热力学第二定律可推论出“热寂”假说：作为一个孤立的系统，宇宙的熵会随着时间的流逝而增加，由有序向无序发展。当宇宙的熵达到最大值时，宇宙中的其他有效能量已经全数转化为热能，所有物质温度达到热平衡，这种状态称为热寂，或可理解为全宇宙层面的万物“凉凉”。

回到本节开头那首伤感的小诗，“瀑布的水逆流而上，蒲公英的种子从远处飘回，聚成伞的模样”，这种反常是熵减的方向，从混沌均衡到整齐有序的方向。通过熵减，我们意识到这是在倒带了，反推出作者想表达的思念：“你已经不在我身旁”“怀念你在我身旁的时光”。

这说明我们用熵增来定义时间的方向。在封闭系统内，若以时间为参照系，熵顺着时间的流逝增加；若以熵的增减为参照系，时间顺着熵增的方向流逝。

熵减的方向

由于熵增效应，封闭系统内的一杯热水会慢慢降为室温。那可以逆着熵增的方向，让室温水升温吗？

——很简单，烧水就行了。

无论是用电磁炉、柴火、太阳能、生石灰，或是把水杯握在手心用我的体温——一种生物能去焐热它，这都意味着从外界对这个孤立系统输入能量。做功以后，水温上升，室温和水温出现了温差，系统内温度不再均衡，这个系统的熵就下降了。

假设这是一个学校的开水房，每天源源不断地用电烧水，持续把室温水升温，我们就可以这么认为：

1. 在孤立系统内，包含发电站、输电空间、开水房，热力学第二定律依然成立，总体上熵增。
2. 在开放系统内，不断输入电能，水不断升温，在水房形成了一个局部的熵减。

物理学家薛定谔观察到类似的现象。1944年，他写了一本书，题目很朴素，叫《生命是什么》。在书中，他引入并阐释了一个概念——负熵。

什么叫负熵呢？

我们已经知道，熵能让一个系统从有序到无序、从规律到混沌。书中提到：一个非活的系统被独立出来，或是把它置于一个均匀的环境里，所有的运动由于周围的各种摩擦力的作用都将很快停顿下来；电势或化学势的差别也消失了；形成化合物倾向的物质也是如此；由于热传导的作用，温度也变得均匀了。由此，整个系统最终慢慢地退化成毫无生气的、死气沉沉的一团物质。于是，这就达到了被物理学家们称为的热力学平衡或“最大熵”——这是一种持久不变的状态，在其中再也不会出现可以观察到的事件。

那么反过来，能让一个系统从无序到有序，从混沌到规律的，就是“负熵”。

举个小例子：电冰箱。电冰箱能让室温上升，让冰箱内的温度下降，这是一个增加温差的过程，温度从均一到有落差，不考虑电能，这是一个熵减的过程，让系统的局部变得规律。考虑到电能的输入和损耗，总熵依然是增加的，不违背热力学第二定律。

再举个稍微大一些的例子：太阳系。太阳系里面有八大行星[1]、一堆卫星、彗星等，天体各自有各自的运转规则。我们在地球上看太阳每天东升西落，四季每年冬去春来。宇宙浩瀚，太阳系是规律的一角，因为太阳源源不断（严格说总有一天是会断的）地通过核聚变为太阳系的功能供电——就像电冰箱的供电线。

最后举一个我们最熟悉的例子：人类，比如“我”。

相比冰箱和宇宙，“我”作为一个人，着实要脆弱得多。

曾经有一个视频直播了一只纤毛虫的死亡。纤毛虫是一类单细胞原生生物，“一只纤毛虫的死亡”也可以理解为“一个细胞的死亡”。在显微镜下，一个细胞欢快地在水里游泳（人类视角中的“欢快”）。它长着一层薄薄的细胞膜，以此将自己与外界的液体相隔离。突然细胞膜破裂，所有“零件”都掉了出来，暴露在水中，渐渐“溶解”在环境中了。

1 2006年，国际天文联合会（IAU）重新定义了“行星”，将冥王星踢出行星队列，将其归类为矮行星（矮行星不是行星，是一种类冥天体）。

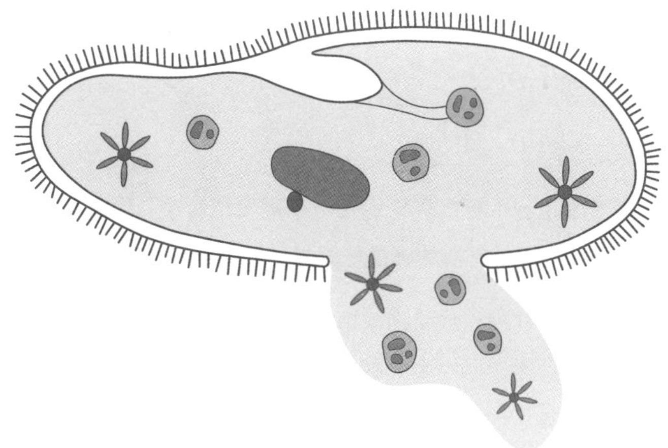

作为一个人的“我”是如何让一身的细胞安于皮肤之内，如何避免于这样的命运呢？我是如何避免自我降解于大自然、衰退到局部的热力学平衡的呢？

我吃、喝、呼吸、排泄，我新陈代谢。“新陈代谢”的英语是Metabolism，源自希腊语的metabolē，本意是交换或是变动。某个氮原子从宇宙中的某个角落漂流到三叶虫身上，通过某只恐龙、某棵树、某个人的粪便，某一粒发育饱满的黄豆，到达我的体内，成为我的一部分。

薛定谔认为，把交换理解为“物质交换”是错误的。因为对宇宙而言，生物体中的氮、氧、硫等任何一个原子和环境中同类的原子都是一样的，不能用这种交换来定义生命。他认为自然界中正在进行着的每一个事件，都意味着事件中的那部分世界的熵在增加。因此，一个生命有机体在不断地“产生熵”，或者可以说在不断地“增加正熵”，并逐渐趋近于最大熵的危险状态，也就是死亡。要摆脱死亡，要活着，唯一的办法就是从环境里不断地汲取负熵。

他把负熵公式写为——

负熵 = k log(1/ D)

也就是 − k log D，负的熵。

薛定谔表示，一个有机体稳定在一个高度“有序”的水平上（即相当低熵的水平上）采用的办法的确是从周围环境中不断地吸取“有序”。

譬如“我”的食物（含动物、植物），都是高度有序的有机物，吃完后，排泄物相对食物，已经大大降解。我的食品是食物，也可以说，我的食品是“序的下降”，也就是负熵。用薛定谔的话说，就是“生命以负熵为食”。

> 负熵是十分积极的东西。有机体就是靠负熵为生的。或者更明白地说，新陈代谢的本质就在于，使有机体成功地消除了生活所不得不产生的全部的熵。
>
> ——《生命是什么》，埃尔温·薛定谔

在熵增的世界里，逝者如斯，生命以草木血肉之躯逆流而行，勇敢孤独，浪漫悲壮。

华为的熵减法则

华为曾经出版过一本管理学书籍，名为《熵减：华为活力之源》，系统介绍了华为的企业管理之道。薛定谔所说的“有序”，也被借用到了企业管理学上。

房间不去整理，会越来越乱。大脑不用来学习和思考，认知也会越来越混乱。大多数时候，人都想要一个秩序井然的世界，按照我们所能理解的法则运行，以便我们能够以目标为导向，指导我们的行动。我们希望付出便能获得回报，学习便能收获进步。上班，能拿到钱，有钱，能买肉吃，努力生活，收获幸福；而不是上班被拖欠工资，想去花钱却半道被抢劫，越努力越痛苦。

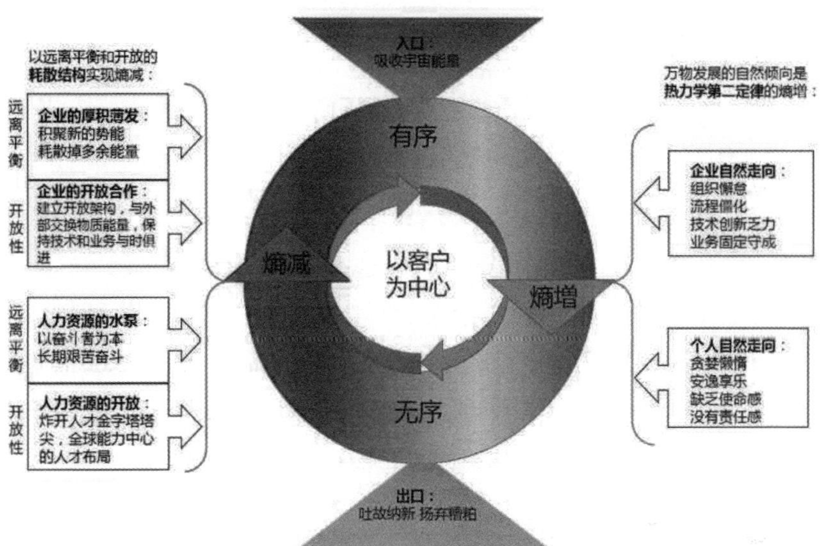

人都希望自己活在一个相对有序的世界中，混乱的世界让人无所适从。所以我们制定了法律和法规，我们约定了交通标识，规定左行或右行，规定路权的顺序，尽量保证一个有序的道路环境。我们规定铁轨的宽度，规定一千克是多重，规定一天24小时，这样火车可以从北京开到香港，卖家可发货给全世界，约好八点半上班就能一起到岗。

在日常生活中，我们最不想与之打交道的人，不是愚昧无知的人，而是混沌、不可预测的人，他们的行动充满不确定性，你不知道他会对你做出什么样的反馈。所以说找工作和谈恋爱最怕的不是对方一肚子坏水儿，而是对方是个“疯子”——特指行为无法预期的人。

对“秩序”的认知，是对世界法则的认知，这些认知为我们提供决策，而决策决定我们的未来。小到看天气预报，出门带伞；上班攒钱，考证开车；或是喜欢一个人，决定与他共度余生，大到一个国家的五年计划，世界大战的布局，我们都希望未来为我所掌控，起码“部分”为我所控。

从企业角度看，把企业看作一个有机体，做熵减意味着不断输入能量，整合组织管理，优化运作流程，更新员工队伍，使整个企业维持在一个高度有序的状态，以极高的效率输出社会价值。

从个人角度看，做熵减就意味着以负熵为食，不断输出能量，迎接新的挑战。有人说“人是往下走的动物”，这就类似某种熵增的理论，或是某种宇宙初始设定，人永远熵增，永远想要向下走。稍一放纵就会步步沉沦，须不断克制自己下行的欲望，不断抵御知识的老化和能力的自然衰退。学习和上班为什么令人“费力”呢？因为学习和上班的人要为这个世界输出秩序——无论是在工作中维系秩序的运转，还是在自己的脑海中从无到有建立出“有序”的精神世界。而令世界从无序到有序，必然需要做功。

比如写作是把无序的汉字挑拣出来排列成有序有意义的文章，数据分析是从看似无序的数据中整理出有意义的规律，缝纫工要用均匀的布和线拼接出花花绿绿的衣服，家政工简直是家内秩序的再生父母，而幼儿园老师更是应对混沌场面的终极BOSS。如果上班不需输出秩序，只是躺着划划水，那便不至于令人痛苦。

若以外星人视角看这个蓝色星球，鳞次栉比的水泥森林，整齐划一的农田，繁忙的街道，潮起潮落般的交通，阡陌交通的乡间小道，这些都是人类构建的“有序”，是那只纤毛虫体内曾经运转自如的零件，也是文明存在的证明；是对抗熵增的结果，也是生机勃勃的象征。

4.2　信息熵与麦克斯韦妖

麦克斯韦妖

1867年物理学家麦克斯韦做了一个著名的思想实验。[1]他希望通过这个实验打破热力学第二定律。在实验中，他假设有一个绝热容器，被分成左右相等的两个空间，隔板上有一扇小门。容器中的气体分子做无规则运动时，会撞向这扇门。有一个妖怪守在门前，观察两边的气体分子。

妖怪通过控制门的开关，将速度较快的分子关在一侧，将速度较慢的分子关在另一侧。这样左右两个隔间内的分子运动速度就会不断增加。我们可以假设在理想情况下，关门和开门都不做功。把分子按照温度做区分，这是一种“有序化”，会造成熵减。

在大不列颠皇家协会的一次演讲中，开尔文男爵——就是绝对温度单位开尔文的那个开尔文——这么描述这个小妖怪：

> 它能让密闭容器内的半边空气，或半根铁棒变得滚烫，同时另外一半却变得冰冷；能引导一盆水里的水分子的能量，使得水升高至某个高度，同时相应降低水的温度；能“筛选”食盐溶液或两种气体的混合物内的分子，从而反转正常的扩散过程，使得溶质聚积在一起，而留下其他地方都是水，或使得两种气体分别占据密闭容器的不同区域。
>
> ——《信息简史》，詹姆斯·格雷克，人民邮电出版社，2013年

这种描述和我们上一节提到的恰好相反。这是“蒲公英的种子从远处

1　思想实验：使用想象力进行的实验，所做的都是在现实中无法做到（或现实未做到）的实验。例如爱因斯坦有关相对运动的著名思想实验，又例如在爱因斯坦和英费尔德合著的科普读物《物理学的进化》中，就有一个实验要求读者想象一个平滑、无摩擦力的地面及球体，进行实验，但这在现实中（或暂时）是做不到的。

飘回，聚成伞的模样”，是让混合在一起的面团水归水，面粉归面粉，这是让万物从无序到有序的方向，是熵减的方向。

我们知道分子运动的速度决定温度，这样两侧就会产生温差。而温差会产生能量，可以拿来发电，比如夏威夷就有海水温差发电厂。如果麦克斯韦妖这个实验可以实现，那就是造了一个第二类永动机。[1]

不久，物理学家莱奥·西拉德对此做出了回应：这个妖怪要知道分子的速度才能选择性地对待，而测速这个行为，也就是获取“速度”这个信息，需要付出额外的能耗。

1961年，物理学家罗尔夫·兰道尔发现，完成几乎所有的信息处理过程，比如“读”、“写”和“复制”数据，原则上可以不消耗任何能量。但是另外一些数据操作过程，比如信息擦除过程，有一个能量耗散的下限，同时会导致热量耗散的下限。[2]这里涉及“兰道尔原理”，即“任何对于信息的逻辑上的不可逆的操作，比如擦除1比特的信息或者合并两条计算路径，一定伴随着信息载体以外的系统的相应的熵增。”

麦克斯韦妖要实现一个完整的热力学循环，需要记录每一个分子的速度信息，并在循环结束时擦除该信息。根据兰道尔的计算，麦克斯韦妖区分分子速度造成的“熵减”恰好等于擦除信息所造成的“熵增”。下图是麦克斯韦妖思想实验的示意图。

1 第二类永动机：在热力学第一定律问世后，人们认识到能量是不能被凭空制造出来的，于是有人提出，设计一类装置，从海洋、大气乃至宇宙中吸取热能，并将这些热能作为驱动永动机转动和功输出的源头，这就是第二类永动机。

2 《麦克斯韦妖与信息处理的物理极限》，作者为孙昌璞和全海涛，发表于2013年11期的《物理》。

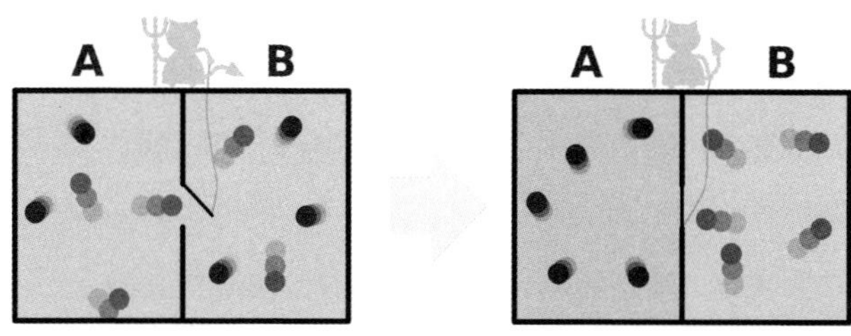

麦克斯韦的本意是用这个思想实验来否定热力学第二定律，然而只怕麦克斯韦本人也没有想到，当初提出这么一个关于热力学第二定律的思想实验，造成如此深远的影响，并需要后人用一个世纪的时间去回答。

信息熵

信息熵和热力学熵共用一个“熵”字，但这两个概念的发明并非一脉相承而是殊途同归。

1950年，在美国纽约市曼哈顿知名的比克曼·汤普森酒店内，召开着一次不大不小的新兴学科会议。说“不大”是因为与会人数不多，甚至不是公开会议；说“不小”是因为与会者中有很多名字如雷贯耳的大佬，比如冯·诺依曼、图灵、香农等。在这一年的会议中，诸位大佬热烈讨论“信息”的本质是什么。[1]

香农说，信息是对不确定性的度量。

可以用中国古代的一个游戏来举个例子。

“射覆”是一种酒桌游戏，有很多版本，粗人有粗人的玩法，文人有文人的玩法。比如《红楼梦》里的射覆，需要较高的文化水平；也有些玩

1　《信息传》，吴军，中信出版社，2011年。

法比较简单，不需要太多背景知识。这里先讲一个最基础的射覆。

参与游戏的一方用一块布盖住一件小物品，请对方来猜是什么。猜的人可以提问，比如“是红色的吗？含有金属吗？是文具吗？是眼镜吗？”另一方只能回答“是”或“不是”。一定数量的问题之内猜出者为胜。

在这个游戏中，被猜的一方相当于一个“信息源”。

一开始，这个问题的答案是不确定的。随着问题的增加，不确定性被慢慢排除。对每一个问题的回答都会缩小答案的不确定性。直到最后一个问题被证实后，答案的不确定性被完全消除。假设他至少需要问*n*个问题才能将答案唯一无误地缩小到一个候选，这个*n*就类似一种对“不确定性的度量”。

根据贝尔实验室流传的一个说法，一开始香农虽然提出了“信息是对不确定性的度量”这个全新概念，但还没想好具体用什么词来描述它。还是冯·诺依曼建议他把这个称为“熵”，理由是没有人懂这个词的意思，这样他与人争论时可以无往而不利。[1]

在数学上，不确定性通常与概率有关。一件事情一定会发生，概率是1；一定不会发生，概率是0。猜硬币猜对的概率大概是1/2，即0.5。香农用一个公式来计算信息熵：

$$H = -\sum_{i=1}^{n} P_i \log P_i$$

根据这个公式，我们甚至可以计算出每一种文字的单位平均信息量。

香农关于信息本质的阐释过于石破天惊，当时很多人都不理解。这很反常识。按照生活经验，我们很容易直观地认为“信息”是指我知道某些东西，而非我还不知道某些东西。

1 《信息简史》，詹姆斯·格雷克，人民邮电出版社，2013年。

吴军博士在《信息传》中有这么一段描述：

“今天……更多的人接受了香农的理论，并且围绕着不确定性建立起对我们这个世界新的看法，即不确定性是世界固有的特性，不要试图否定它。而要消除不确定性，或者说预测事情的发展，不能靠套用一两个经典理论，而需要大量的信息。正是在这样的方法论的指导下，人类才迈入信息时代，我们今天才会想到利用包含了大量信息的大数据来解决问题。”

信息是负熵

到底什么是信息?

香农认为信息可以视为“不确定性”或“选择的自由度”的度量。数学家维纳认为，信息是“我们在适应外部世界、控制外部世界的过程中，同外部世界交换的内容的名称”。英国精神病学家阿希比（William Ross Ashby）认为，信息的本性在于事物本身具有变异度。意大利学者朗高认为，信息是反映事物的形成、关系和差别的东西，它包含于事物的差异之中，而不在事物本身。

另外，还有以下两种定义：

- 凡是在一种情况下能减少不确定性的任何事物都叫作信息。[1]
- 信息是物质存在的一种方式、形态或运动形态，也是事物的一种普遍属性，一般指数据、消息中所包含的意义，可以使消息中所描述事件的不定性减少。[2]

法国物理学家布里渊在1956年出版的《科学与信息论》中，全面论述了信息与熵的关系。他认为，信息的作用是减熵，也就是使系统的混乱程

1　《通信的数学理论》，克劳德·艾尔伍德·香农，上海科学技术出版社，1965年。

2　中国国家标准GB489885《情报与文献工作词汇基本术语》。

度减小。如此，信息便可以认为是负熵，可以降低系统的熵。信息代表着秩序，代表着外部输入的有序能量，增强了系统的有序度，也就降低了系统的无序度，能使系统熵减。

总而言之，信息是负熵，是对不确定性的解决。

需注意，此处的"负熵"，是指信息熵的负熵，而非4.1节中所说的热力学熵的负熵。譬如人可以通过饮食从外界获得"负熵"，以维持机体的正常运转，这是热力学负熵；人也可以通过学习从外界获得知识，以获得信息这种"负熵"的积累。这两种负熵有相关性，但并不是一回事，吃饭不能让人获得知识，阅读也不能让人完成能量代谢。

纵观信息茧房中的所有社会心理学现象，确认偏误、去个体化、群体极化……背后有一个共同的缘故：思考的过程即新秩序建立的过程，需要消耗大量的注意力、摄入负熵，是相当辛苦的劳动。使用别人现成的结论要省力得多。在看不见的角落，人总是要想尽办法躲避独立思考，想尽办法放纵沉沦，陷入混沌。

在信息茧房之内，人举目所见皆是同质性信息，好比街头发传单的人，手头厚厚一摞纸，每一张都是重复的，信息量不过一张A4纸。这也解释了为什么茧房里的人待着很"舒服"，输入的都是重复的信息，负熵的摄入比较小，要处理信息的量比较少，麦克斯韦妖的工作量也比较小，一句话——轻松。

人们看充满好奇心的儿童，他眼中的世界很陌生，他眼中的未来很遥远，他的人生充满了不确定性。人们看暮气沉沉的老人，他眼中的世界很熟悉，他眼中的未来近在咫尺，他的一生已经走过大多数日子，剩余的不确定性很小。活着，就是不断地消除人生中的不确定性。年龄渐长，不确定性也越来越小。等到一切结束的那天，人生才算完全确定，才可以"盖棺定论”。在时间的顺流里，人生的每一秒，不确定性（熵）都在减小。

汤浅政明导演的一部动画片中有一个设定很有趣：小孩子戴的手表的指针走得非常缓慢，老人戴的手表的指针则是高速旋转。

人生的不同阶段，对时间流逝的感知很不一样。有人说，这是因为假设儿童的人生只有5岁，那么一天对他来说就是已经拥有的全部生命的1/（5×365）；假设老人的人生是80岁，那么一天对他来说就是已经拥有的全部生命的1/（80×365）。所占人生的比例不一样，体感时钟就不一样。

现在我们也可以用熵来解释这个现象。如果说熵可以用来定义时间的方向，那么熵或许也可以用来定义时间的快慢。

在本人的视角中，发生新事件、接受新信息的速率越高，时间流逝的观感越慢。孩子每天都接触新的事物，学习新的知识，获得人生的新体验；老人家每天接触到的往往都是熟悉的事情，“太阳底下无新事”，甚至上一秒发生的新闻都似曾相识。当然，如若老人家愿意像孩子一样尽情地接触新事物，也可以大大减缓时间流逝的观感。

在他者的视角中，刚出生的孩子，他的未来是不确定性的最大值；刚入土的逝者，他已经盖棺定论，不确定性为零；这两者之间，是尚且苟活着的我们——未来一半明确，一半模糊。

在宇宙宏观的视角中，熵增定义了时间的方向，熵减定义了生命的方向。正如引力是空间的扭曲，航班从北京飞往纽约，中国人和美国人贴着球面共享地球的空间；衰老或是时间的扭曲，老人牵着小孩的手，奶奶和孙女手拉手共享人生的时间。在时间和空间的交错点，人们如克莱因瓶般相错。

真勤奋，高负熵

再重申一下诸位物理学界信息论的大佬加持过的概念——

信息是负熵，是对不确定性的解决。

我们想要获得信息熵的负熵，就要努力“获得信息”，而非努力付出体力。所谓的“努力获得信息”，是指“努力解决不确定性”。譬如一个知识点你不懂，看书了、刷题了，懂了，那就是解决了一个不确定性，就是你吃了负熵了。

上学的时候，每个班总有那么几个勤勤恳恳的好学生，作业每一题都写满，上课每一分钟都认真听讲，卷面整洁，笔记工整，错题集甚至还会有排版——但他们的成绩却不好。老师总是对他们没什么印象。

每个班也总会有那么几个非常规学霸，卷面龙飞凤舞，答案却是对的。课本卷得乱七八糟，封面上还留有饼干渗出的油渍，笔记歪歪扭扭只有他本人能看懂——成绩却不错。老师总是对他们很头疼，不服管还带歪了一帮成绩不好又不学习的人。

这些人上了大学，前者依然是勤勤恳恳、兢兢业业，后者活得轰轰烈烈、生龙活虎。这些人上了班，前者依然是加班加点的好职员，后者是一点就通的鬼灵精。这两种人的差别在哪里？

回答这个问题，我们先要自问：“勤奋”到底是一种怎样的品质？

字典中的解释是“认真、努力做好一件事情。”

本人连续两个月通宵达旦打《魔兽世界》——这算勤奋吗？

不能一概而论。如果我用最基本的技能埋头刷怪，对游戏没有更多的理解；或是请大佬带我，我只负责跟在后面混混经验，捡捡装备，这都不能算勤奋。如果我潜心研究攻略、自制技能连发快捷键（游戏中称为“宏”）、学习理解游戏世界观和玩法系统，那就可以算是“勤奋”了。虽然这不太符合我们日常使用中“勤奋”的语境。

再假设我是一个保安，我的工作是看守大门，我每天晚8点到早6点笔直坐在传达室一动不动，认真又努力，好像也不能叫“勤奋”。潜意识中，“勤奋”的功利导向还有第二层意义，它要求目标和过程的一致性。保安坐得正不正，和公司大门是否安全毫无干系，这种“笔直”的付出是零回报的，也不能称为勤奋，如果是保安晚上多巡逻了两圈，倒可以称为勤奋。

由上，我们合理推测：

真正的勤奋其实是勤于信息的新陈代谢，是对不确定性的解决，是对负熵的吸收。

无论是一笔一画做漂亮工整的笔记却脑中空空，还是殚精竭虑地工作，内容却和KPI无关，都没有减少任何不确定性，都只是自我感动自我满足的自欺欺人。前者像一个懒惰的麦克斯韦妖，完全不开关门，后者像一个勤奋的麦克斯韦妖，不管分子运动速度如何，都会开门关门。这二者都不会提供负熵。

生命以负熵为食。人在儿童阶段，从食物中摄入的熵要高于维持身体机能运转的需求，因为他的身体需要长大。儿童的精神世界也是如此。他们从环境中获取的熵，要高于他处理日常食物的消耗，因为他对这个世界在不断地进行认知。这也可以理解为什么某些高消耗的脑力劳动者，下了班总是一副筋疲力尽的模样。一个人的食量总是有限的，不管是以米饭为食，还是以负熵为食。他们的负熵在工作中被疯狂摄入，下班后已经无法进行学习或是深度阅读，甚至看烧脑一点的电影都不行，只能在综艺节目和八点档电视剧中获得一点消耗负熵的乐趣。

勤奋有三重境界：体力勤奋、脑力勤奋、心力勤奋。

譬如一个大二学生。

- 体力勤奋，是指他早起早睡、按时上课、好好写作业、每天去自习、做笔记。
- 脑力勤奋，是指他用心学习、弄懂弄明白课业内容、不懂就问、追根溯源、举一反三、融会贯通，让自己真正学到东西。
- 心力勤奋，是指他开始思考所学专业和现实的关系，弄清自己是否喜欢这个专业，什么方向适合自己，将来要走什么路线，现在如何提前准备，要不要出国、考研、考公，认为什么领域前景喜人可以尽早入场，乃至思考人生的意义，思考自己要如何实现自我价值。

再如一个职场人士。

- 体力勤奋，是指他准时打卡、按需加班、好好完成上级布置的工作，做好KPI。
- 脑力勤奋，是指他开始思考项目架构、资源布局，观察办公室生态，思考如何调动一切力量为己所用，开始学会揽活儿、挑活儿、拒活儿，让自己省力，让上司放心。

- 心力勤奋，是指他开始思考职业规划，在这个岗位打算待多久，要不要跳槽，行业动向如何，是夕阳产业还是风口，要不要创业，要不要转行。

如上所见，体力勤奋是世上最轻松的勤奋，简直是勤奋里的懒惰。真正的勤奋，是心力的勤奋，这是最有效的勤奋，是目标导向的勤奋，也是最辛苦的勤奋，或言之——负熵食用者的勤奋。

很多困扰我们多日乃至成为社会问题的问题，都可以从这个角度来解释。在亲子关系上，与孩子深入交流最辛苦，直接下达命令最轻松。在办公室里，从上级角度思考项目进度问题最辛苦，亦步亦趋听安排最轻松。

在学校里，思考职业规划、安排个性化进度最辛苦，跟着老师做卷子最轻松。从这个意义上说，衡水模式受欢迎不是没有原因的。它本质上是利用师资和制度，让体力上的勤奋来替代脑力乃至心力上的勤奋。所以不管高三多惨无人道，总有一群人上班后怀念高三——读书这种室内劳动，体力上的疲惫总是有极限的。高三学生被人安排好一天24小时中的每一分钟，时间安排上的不确定性非常小，未来道路的选择也被限于高考考高分，多半心是不累的，不像工作后，需要做的决定太多，每天都觉得“心累”。

这也能解释为何某些重复性工作会有人乐此不疲，比如抄书、十字绣、编织、填色游戏、烘小饼干……做这些事情既需要专心致志，又无须动脑。这样脑力和心力就被释放了，相当于我的“精神”可以不做任何动作，在沙发上躺平放空。对于日常脑力、心力消耗较大的人而言，这些娱乐是非常好的放松。

但有些时候人意识不到这一点。不想动脑的中学生一笔一画地抄笔记、心绪不宁的中年人用泥金小楷抄佛经、精力旺盛的妈妈给孩子做365天不重复的古诗主题早餐、热情的婆婆绣绣巨幅十字绣给新婚夫妇当礼物、下班的白领抱着手机上网刷论坛求知：他们做着零负熵的事情，却都以为自己在付出、在努力、在贡献。

归根到底，这些人原本就对自己人生的意义和价值有所怀疑，因此不敢放任自己娱乐，娱乐会给他们带来负罪感。他们以此为自己的娱乐行为提供合法化，认为“我在努力哦”，并期待他人也认可这种莫名其妙的付出，以此获得“我是有价值的”认证。

归根结底，这些本质上也是信息茧房。在自己的安全区内接受重复的信息，在信息选择上偏好脑中固有的旧知识，以避免辛苦地学习、思考、吸收、创造。

不说了，我去玩手机了。

4.3 内卷，一种系统性熵增

“内卷”的本意

这几年流行一个词，叫“内卷”（Involution）。网上用这个词来描述非理性的内部竞争或“被自愿”竞争。现指同行间竞相付出更多努力以争夺有限资源，从而导致个体“收益/努力比”下降的现象。

稍微解释一下这个概念的来龙去脉。这本来是一个人类学概念。美国人类学家亚历山大·戈登威泽（Alexander Goldenweiser）在1936年写了一篇论文，其中他使用“内卷化”来形容某种文化模式：达到某最终形态后，既无法稳定下来，也无法转变为新的形态，只能使自己在内部更加复杂化。

他认为，某种文化模式达到极致后，外在的统一性已经被规范了，只能从内部的多样性做文章。比如，毛利人的装饰艺术要素很少，却有着复杂而精细的设计，这就是“内卷”。

这个风格中国人也熟悉。比如张爱玲说的晚清女人的鞋子，密密麻麻的都是手绣的花纹，鞋底上根本看不到的地方也绣着一圈重工纹样。清朝家具器皿上也往往布满雕花。鞋子还是鞋子，椅子还是椅子，大模样没有什么变化，就是在目光不可及的角落里，都密密麻麻做了装饰。

这个风格法国人也熟悉。洛可可风格的服装，有着纷繁琐碎的细节，层层叠叠的蕾丝。洛可可风格的装饰，无休止的涡旋曲线，琐碎细腻。如果是洛可可的纹饰之卷，那么六朝骈文辞藻富丽，缛彩华章，又何尝不是一种修辞上的“卷”呢？日语的敬辞表达精细入微，个中微妙难言，只能心领神会，又算不算一种语言表达的“卷”呢？

三十年后，美国人类学家克利福德·格尔茨（Clifford Geertz）把“内卷”这个概念引入社会学领域。在《农业的内卷化：印度尼西亚生态变迁的过程》中，他借用戈登威泽的概念，阐释了爪哇的水稻农业。

格尔茨发现爪哇岛和外岛的差异是：外岛的一些地区借助技术，生产越来越向“资本密集型”方向发展；而爪哇岛的一些地方则不断地向“劳动密集型”方向发展。

爪哇岛聚集了印尼三分之二的人口，主要从事粮食生产和小型手工业；而外岛散布在爪哇以外的广阔区域内，殖民者的进入使那里产生了高效率、大规模的工业。

爪哇岛缺乏资本，不可能自行转变成为资本经济的一部分；土地数量有限，且存在行政性障碍，无法将已经普遍存在的集约化农业转变为外延性的农业。久而久之，便慢慢地、稳定地、无情地形成了劳动力填充型（Labor-stuffed）的农业模式：无数的劳动力集中在有限的水稻生产中。

就这样，水稻种植稳定地维持边际劳动生产率——即便投入更多的劳动力，也不会导致明显的人均收入的下降，还能吸收因此增加的多余人口。对于这样一个“自我战胜”的过程，格尔茨称之为“农业内卷化”。[1]此处的“内卷”，尚不涉及个体“收益/努力比”下降的现象。

综上，

戈登威泽的“内卷”：文化模式发展到极致后，带来内部的修饰性和装饰性，强化技术细节，无休止地增加鉴赏性。

格尔茨的“内卷”：爪哇的水稻农业在土地使用、租佃关系、劳动力安排等方面的复杂化，将爪哇的梯田形容为“过分欣赏性的发展、一种技术哥特式的雕琢、一种组织上的细化”。

特别值得注意的是，这一劳动力持续投入的过程，并不意味着劳动的边际生产率递减。假设原来一个劳动力年均生产水稻500斤，那么“内卷”后，一个劳动力年均生产水稻还可以是500斤，但土地面积不变，劳动人口增加，单位土地上投入的劳动力也增加了，更加精细化作业。在这种“内卷”之下，生活水平不会下降。

---

1 Geertz, Clifford 1963, Agricultural Involution :The Process of Ecological Change in Indonesia, Berkeley , CA:University of California Press.

被误读的“内卷”

2000年，黄宗智教授通过著作《华北的小农经济与社会变迁》和《长江三角洲小农家庭与乡村发展》，让“内卷”这一概念进一步扩大影响。黄教授认为，“内卷”现象出现于“劳动力边际产量开始递减之后”。

虽然北大社会学系教授刘世定、邱泽奇撰文表示“黄教授对格尔茨的注解是有误的”[1]，认为“内卷”的界定条件中不含“劳动力边际产量递减”。但后者的解读已经被广泛使用于社会生活的其他领域，并从学术界走向舆论，为普通人所熟知。

2020年，“内卷”一词入选《咬文嚼字》2020年度十大流行语。这个网络上走红的“内卷”，和学术圈的内卷不太一样，是指各行各业内部的非理性的过度竞争，导致竞争者之间进入了互相倾轧、内耗的状态。

例如，两个国家搞军备竞赛，本来是常规武器静态对抗，后来一方有了生化武器，另一方就被震慑了，必须铆足劲也造生化武器，还必须造得更厉害。一方有核武器，另一方也要造核武器。发展到最后，大家各自消耗一大笔军费，各自守着一堆高规格武器，却维持着最初常规武器对抗的模样。两个国家的力量对比没有改变，势力范围也还是老样子，但双方都被军备竞赛勒紧裤腰带逼得很累。这就叫“卷起来”了。

有人说，那咱们一开始说好，谁也不许卷，谁也不许造武器，不就“你好我好大家好”吗？在国际政治中的确是这么干的。但他卷你不卷，万一打起来你就亏了。这就是为什么这么多年来，从20世纪90年代开始喊“教育减负”喊到现在越减越负的原因。

这是一种“囚徒困境”。每个人都在猜别人在干什么，并根据猜测做

1　《“内卷化”概念辨析》，作者为刘世定和邱泽奇，发表于《社会学研究》2004年第五期。

出最有利于个体的行为，最后导致集体的无理性。每个人都想占点好处，最后每个人都吃亏。

用“熵”的角度来解释，“卷”就是：

在微观角度，你花了很大的力气做功，熵减的效率却越来越低下了。在宏观角度，大家都花了很大的力气做功，总熵却没怎么减。

内卷的原因在于系统对内创新性不足，对外开放性不足，从环境得到的负熵不足以克服内部的熵增，系统运行一直熵增，继而系统以自己的负熵为食，降低熵增，维系自治。好比一个饥饿的人，无法从外界摄取营养，割自己的肉为食，虚耗热量，自然不能长久。

清朝女子鞋底的花纹，不可能无限制复杂下去；洛可可风格的蕾丝再复杂也有个上限；华章辞赋再纤巧最后还是会被扫进历史垃圾堆——人们最终会烦死这些审美，然后秋风扫落叶，化繁为简，清风拂面天朗气清。

虽然中国人也自嘲“内卷”，但基础教育上的这种“卷”，“卷”孩子最厉害的，在日韩；“卷”家长最厉害的，在美国。有一本书叫《我是个妈妈，我需要铂金包》，免费版值得拿来看一看（完全没有推荐这本书的意思），可以借此观察一下纽约家长“卷”起来有多矫情。

看一个社会的基础教育有多“卷”，主要取决于以下三点。

1. 劳动性收入差距。

   比如CEO和清洁工的收入差距有多少倍。从20世纪80年代开始，美国社会的薪资差距暴增，到2020年，大公司（标普500）CEO的收入大概是普通员工的350倍。[1]人与人之间的劳动性收入曲线越陡峭，人对向上爬的欲望就越大，对往下掉的恐惧就越深。

1　数据来自美国最大的工会组织AFL-CIO出具的CEO薪酬观察（Executive Pay Watch）。

2. 教育区分度对收入的贡献度。

看博士生和高中生的收入差距有多少倍，或看清华北大毕业生和普通大学毕业生的收入差距有多少倍。这个差距越大，家长在教育上的投入力度就越大。

3. 兜底条款。

看最穷最缺乏教育的人的生活状态是否足够人道。这方面，NHK 做过很多期报道，大致观点是，日本是一个容错率很低的国家，人生只有一条路：考好大学——以应届生身份进大公司——勤勤恳恳从一而终。中途一旦哪一环出了错，比如考了不好的大学、进了不大的公司，或是公司倒闭了，这个人就很容易迅速从社会中游滑落到底层，成为边缘人，万劫不复。

贫富差距越大，教育对收入的贡献度越高，兜底条款的底线越低，那么就越“卷”。所以，“卷”是一个全局的结构性问题，而不是一个人的认知问题。对着一万个人喊“一二三，我们停，都别卷”没有任何意义。

对照这三条，美国三条全中，所以公认美国比欧洲“卷”很多。当代美国大城市的中产阶级，作为家长，花在孩子身上的心血和钱，是足以把一个普通欧洲人吓到不婚不育的。如果我们能控制好这三条，或能避免走美国的老路。

卷，正向的确定性

有个词经常跟“内卷”在一起讲——鸡娃。指家长给孩子打鸡血，不断地给孩子安排学习和活动，不停地让孩子去拼搏，督促孩子好好学习。但如果你去问问家长们的心里话，绝大多数家长其实并非望子成龙、望女成凤，父母对孩子前途的期待会随着孩子的长大而减少。

到孩子步入淘汰性学业考试的初年，家长们的基本诉求往往是有稳定工作、有满足本地生活的收入，希望孩子健康安稳一生。无论父辈们年轻的时候对自己的职业规划如何，当他们为人父母时，对孩子的职业期待会相对保守，往往是公务员、医生、教师、国企职员等。这些主流选择，并不算飞黄腾达，但都能有效降低人生的不确定性。

十几年前的大学应届生，还不太愿意选择当公务员服务群众，也不愿意去稳定的央企国企，在他们搪塞家长的疯狂推荐时，常常会说到一句话：我不想过“一眼望得到头的生活”。等他们在市场经济中锤炼一阵子，在早高峰和KPI里“996”一阵子后，求仁得仁，很多得到了他们想要的“一眼望不到头的生活”。

奇妙在于，明明是一对反义的概念：“一眼望得到头”vs“一眼望不到头”，听上去却都不是什么好的生活。前者意味着超低的不确定性，也就是超高信息熵，后者则相反。我们总说小孩子有“无限的可能”，听上去比较正能量，但细想，无非是听众自己给“可能”增添了主观上的美好祝愿罢了。上天入地光宗耀祖是“可能”，锒铛入狱穷途落魄也是“可能”。

家长“鸡娃”，就是在缩小孩子未来的可能，减少未来负向的不确定性，增加一点点正向的确定性。如果整个社会从系统上减少了这种不确定性，那么家长“鸡娃”的动机就会大大下降。如何减少这种不确定性呢？就是上文提到的三点：减少劳动性收入的差距、降低教育区分度对职业收入的贡献、为社会边缘人提供兜底复利以提高容错率。

我们既不想要完全没有不确定性的生活，也不想要未来被彻底确定的生活，就像做理财规划一样，很少有人会全盘买银行低息定存，也很少有人会满仓高风险股票。

即便是确定未来能中大奖、当总统、生活优渥，这种确定性依然会给人无力感——如果未来已经确定，那么当下的生活又有什么意义？我对人生的控制又体现在何处？我们从人生的不确定性中，确定“我”和“非我”的边界。

一个“完全确定的个体”等于“彻底不可控的自我”，失去了主观能动性，无异于行尸走肉，那是一个熵最大化的我，是一个死掉的我，一个热寂的我。而一个完全确定的社会，更是死水一潭。如果阶层完全确定，就像中世纪那样贵族的长子当贵族，农民的孩子当农民；就是改革开放前那样，我出生的时候就知道长大后会接我妈的班，去纺织厂接线头。二十世纪八九十年代，无论在中国还是日本，都有一股朝气与活力，正所谓“时代气象”，这一切源于对不确定的未来的美好期许。

我们需要社会有一点不确定性的同时，又不想要彻底的不确定。

经过几十年的艰难探索，我们开始渐渐意识到，我们并不想要大起大落。阶层的流动性是没有方向的，你能往上爬，同时也能往下掉。你花一点点力气就能爬上去，别人也能花同样小的代价把你拉下来。与其大家在不确定性里“卷”得你死我活，不如增加一点点确定性，减缓阶层湍流，拉近阶层差距，让熵增来得慢一点，给年轻人一个“能望到一点点头的生活”。

第 5 章

chapter 5

信息茧房存在的合法性

茧房内外的信息并不是清晰准确的，总是充满了噪声杂音，充斥着无效信息和错误信息。我们上社交网站经常会有这样的感觉——广告太频繁了、内容太“水”了、讨厌的人太多了，“要是能有个人帮我过滤信息就好了”。我们捕获信息的方式并不是瓮中捉鳖，而是浑水摸鱼一身泥。

面对这样的泥沙俱下，我们想要的是信息的准确，然而追求准确是要付出代价的。你愿意为之花的力气越多，所得到的信息自然越准确。很多时候我们不需要那么准确的信息，我们只需要“够用”的信息，并为其支付较低的成本：小数点后取两位、游标卡尺估读、豆瓣五分制而不是百分制……

在现实生活中，为了节省信息成本，我们不得不对信息进行估读、抽样、模糊、建立刻板印象，信息茧房也应运而生。

5.1 信息压缩和信息冗余

信息压缩

人脑自带压缩技术，压缩技术还很强。比如要记住一串验证码“123123123123123”，一般人的记忆方式是：这是5个“123”，这就是一个“编码”的过程。当人回忆起这个编码，在验证码输入窗口输入“123123123123123”时，这就是一个“解码”的过程。如果编码和解码都准确，这个信息就能被准确地传递。

这也是信息压缩的原理：找出重复出现的内容，用更短的符号表达。所谓“重复”，是指出现的概率高。

如果验证码是“535897932384626”，这就很麻烦了，这个字符串是圆周率π中的一个片段，没什么规律，很难压缩，很难记忆。所以在20世纪90年代经常会有“某地一少年可背多少千位圆周率”作为记忆力神童的证明。

下图为信息传输模型。信源被编码后，通过信道传输，解码后达到信宿，即信息的接收者。

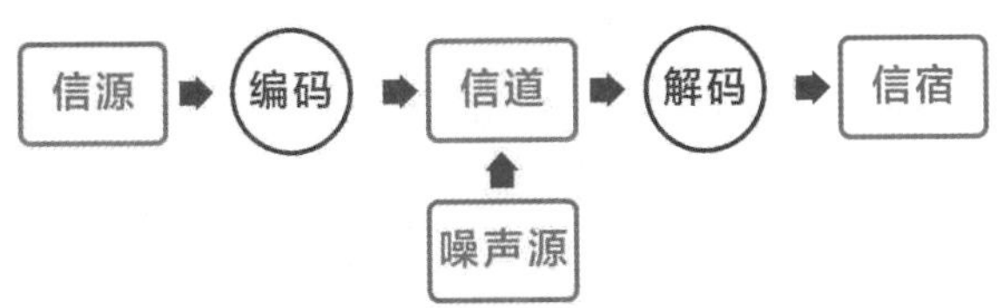

图片压缩也是类似原理。我在电脑上截图，取一个125像素×125像素的彩色风景照片，再截图取一个125像素×125像素的纯色色块。如果我要忠实记录每一张截图的信息，能想到的办法就是记录每一个像素点的RGB

值，这样的每一个数字都被我记下来了，我能根据记录的信息，复制出一张一模一样的图。如果用这种方法记录信息，那么两张图占用的存储空间应该是一样的，因为它们的大小一样，像素点数量一样。但我用JPEG格式存储图像的时候，发现前者的大小是111KB，后者是4KB。

为什么会有这样的差别呢？这和JPEG的工作原理有关。

当我们要记录一个纯色色块时，并不需要记录125×125个像素点的所有颜色信息，只需记住一个颜色，以及一条规则“所有点都是这个颜色”。

再举一个例子，小朋友背乘法口诀表总是很痛苦，因为从1×1到9×9几乎都是硬背下来的。但如果给小孩足够的时间去计算个位数乘法，而不要求他脱口而出，那就会容易得多。小朋友可以用加法去计算，两位数加法要记的规则只有两条：

1. 记住1~9的序列。
2. 逢十进一。

让小朋友记这两条规则比记住81个乘法相对应的数字要轻松很多。

对电脑来说也是一样。记住每一个像素点需要的空间很大，记住两条规则需要的空间较小。相对于前者，纯色图的确定性更高，像素点分布更有规律。

如果现在有一幅图，左半边60像素×125像素是均匀的纯色，右半边60像素×125像素是彩色风景照片，要怎么记呢？那就把图拆开，让电脑分别记住两部分：60×125个像素点是同一种颜色，再加上60×125个像素点的RGB值。这还是比直接记住每个像素点的颜色更省空间。

由此，我们可以继续推论下去。每一张彩色照片放大后看，都是由不同的色块组成的，可以是左右的、上下的，分成两块的、八块的，就像现在很流行的数字油画那样。让电脑批量记住色块的颜色和位置，能省下一部分信息存储空间。至此，这些都称为“无损压缩”——图片所占的空间变小了，但是图片信息并没有丢失。

无损压缩有极限，这个极限的大小可以用公式来计算。假设一个文件由n个部分组成，每个部分的内容在文件中的出现概率分别为$p_1, p_2, \cdots, p_n$那么，替代符号占据的二进制位最少为：

$$\log_2(1/p_1) + \log_2(1/p_2) + \ldots + \log_2(1/p_n)$$

$$= \sum \log_2(1/p_n)$$

文件内容越是随机，越是不规则，所需要的二进制位就越长。所以，这个值可以用来衡量文件内容的随机性，又称为不确定性，即前文所述的“信息熵”——接收的每条消息中包含的信息的平均量。

为了让电脑记忆的成本更小，我们还可以用一些方法把颜色相近、位置相邻的色块融合在一起，变成一个大色块，这能让存储空间大大减少。这一步称为“有损压缩”。下图所示的是同一只猫咪的照片使用不同压缩率的效果。

BMP文件格式和JPEG文件格式

BMP格式

BMP取自位图Bitmap的缩写，也称为DIB，是一种独立于显示器的位图数字图像文件格式。BMP文件通常不压缩，所以它比同一幅图像的压缩图像文件格式要大很多。一张800像素×600像素的24位BMP图像可占据1.4MB空间。

JPEG格式

JPEG（全称Joint Photographic Experts Group，也被称为JPG格式）是一种针对照片影像而广泛使用的有损压缩标准方法，是万维网上最普遍的被用来存储和传输照片的格式。“有损”意味着在压缩过程中图像的质量会遭到可见的破坏。以此为代价，图片可以获得较高的压缩率。把上文中的800像素×600像素的24位BMP格式的文件另存为JPEG格式，可能只占100多KB空间。

在BMP文件的时代，普通家用电脑根本放不下几张照片，刷一轮朋友圈，这个月的流量就耗完了。现在，我们在网络上看到的照片，绝大部分是有损压缩过的。作为一个直立人，我们能看出来照片压缩后信息质量下降了吗？能。我们介意这个吗？不是很介意。

JPEG是一种优秀的图片压缩格式，同理于MP3 这种有损压缩的音频编码格式。高采样率的无损音频、无损图像及视频的信息成本太过高昂，在一般应用场景中没有必要，在网络和移动网络速度受限、存储空间有限的情况下，很多信息有无和及时与否的重要性远大于信息质量是否无损。

信息质量和信息成本不可兼得。

捕获完整信息的频率有一个下限，可以通过奈奎斯特采样定理给出。细节越多，高频部分越多，需要的最低采样频率越高，采样成本也越大。我们愿意牺牲信息质量来换取信息成本的下降，这个成本，包括信息传输成本（流量），也包括信息储存成本（硬盘）和信息处理成本（CPU）。

或许人眼也是这么捕捉、记录图片的。我们总是比较关注图像的边缘，而不是一个像素一个像素逐行扫描。对于均一色块中心部分的信息，不需要分配太多“算力”。譬如看日本国旗，会首先注意到红白两种颜色的分界。这样比较省人脑的带宽和算力，类似某种基于语义的压缩图片的机制。如果想要进一步减少算力，就要损失更多信息质量了，比如猫狗视力相对于人类是色盲，无须处理太多颜色，青蛙视力相对于人类过滤了静态视觉信号，它们的视觉信号处理对算力的要求更低。

大脑要时时处理视觉和感受器信号，要协调计算发出指令，作为人类能耗最大的器官，节能减排是必需的。同时，大脑也在努力提高信息的存储和计算效率。相比超级计算机，或许可以把人脑理解为一个算力有限但算法很强的东西。无论是记忆一串数字，还是处理视觉信号，我们都在竭力寻找其中的规律，让有限的算力得到最大化的效用。

人也这样观察世间的万事万物，总是不由自主地去思考图像的规律、信号的规律、世界运行的规律。我们思考的结果是对规律的理解，是对这个世界更深更广的认知，是柏拉图所说的“理式”，是亚里士多德所说的“真理”，是老子所说的道法自然的“道”，是屈原“路漫漫其修远兮，吾将上下而求索”的所求，是物理大一统公式，是各种自然科学人文社科的理论，是人类前仆后继万死不辞寻求的终极……我们始终奔走在探索发现的路上，全力以赴寻找这个世界的运行规律，而且是够用的规律。

理论上说，信息质量自然是越高越好，但越高质量的信息，存储和处理的成本也越高。即便我们千方百计用规律代替现象，尽可能对脑内信息进行无损的、有损的压缩，相对世界之大、信息之多，我们的脑子还是不太够用。权衡利弊，我们会发现，我们真正需要的是“够用”的信息。

信息冗余

信息冗余

在信息论中，信息冗余是传输消息所用数据位的数目与消息中所包含的实际信息的数据位的数目的差值。数据压缩是一种用来消除不需要的冗余的方法，校验和是在经过有限信道容量的噪声信道中通信，为了进行错误校正而增加冗余的方法。

以上这个说法太学术了，对大多数人来说这也是某种“信息冗余”。

刚刚我们提到，无损压缩的极限是可以计算的，计算结果即信息熵。

“当我们用语言文字（或者二进制数）对信息进行编码，得到的编码长度总是会超过信息熵。那么编码中比信息熵多出来的那一部分是什么呢？香农说，多出来的部分就是信息冗余。同样的信息，用不同的编码方式，产生的信息冗余是截然不同的。越是简洁的编码，产生的信息冗余越少；越是冗长的编码，产生的信息冗余就越多。”[1]

我们来举个例子。

从语法角度举例。中文词源没有阴、阳、中词性，德语有。德语还有冠词，并根据阴、阳、中三种词性使用der、die、das三种不同的冠词及其五花八门相关时态的变格。冠词就是德语相对中文的某种信息冗余，大

1 《信息传》，吴军，中信出版社，2020年。

多数时候，冠词使用错误不影响理解；英语常常不用量词，中文量词不可或缺，量词也是某种中文相对英语的信息冗余，大多数时候即便不使用量词，也不影响汉语理解。

从文本角度举例。新闻标题“一男子进医院被割皮包”，十有九人会看成“割包皮”，如果写成“一男子进医院被小偷割开皮革制成的钱包”，就不容易看错了。两句话表达的意思是一样的，后者比前者多8个字，这8个字就是相对前者的“信息冗余”。

为什么要有信息冗余?

如果是语音信号在传送过程中因为噪声太大没有听清，或是文字信号有缺页、污损导致误读，就会造成信息的传输出错。信息冗余的主要作用就是：当信息传输出现错误时，我们能通过冗余信息恢复原信息的内容。

显然，在上例中信息冗余是有意义的，它能避免我们看错，也就是说，它能校正出错的信息，提高了信息传送时的安全性和可靠性。相对地，后者比前者多8个字，增加了信息成本。

有个成语叫“一字千金”，源自《史记·吕不韦列传》，说秦相吕不韦让门客编成《吕氏春秋》，公布于咸阳城门，说有能在其上增减一字者，赏千金。后世就用这个词来称赞诗文质量高。

这个故事现在看来很牵强。为什么“不易一字”就是好文章呢？左拉[1]的小说絮絮叨叨，删掉300字也没什么关系；更不用说意识流那些，撕掉两页也看不出来；《红楼梦》那么长，丢了几十回还是好小说。一般的古文，更换一两行也没什么大不了。如果是古诗，长一点的古风可以偷换几个字，但绝句就不行了，一首五言古诗总共才20个字，换掉1个字，

1 19世纪法国自然主义作家。

5%的信息表达就变了。可是《吕氏春秋》全文20卷，160篇，“二十余万言”。看上去不差这点字，为什么指定了这种神奇的语言审美标准?

这或许又和信息质量和信息成本有关。在纸发明之前，写在竹简上的书，文字成本极高，也就是“信息成本”巨大，我们只能通过尽可能挤掉冗余，压缩信息，让每一个字表达的信息量最大化——这样比较省力气。

类似于使用电话龟速上网、使用5英寸软盘的年代看美人挂历图，这时候我们不会要求高清大图，质量差不多的图看看得了。这样能让单位像素表达的信息量最大化。

再如电报盛行的年代，虽说不上“一字千金”，但也是按字计算价格的，所以电报的信息冗余就会被挤了再挤。电报的收发双方甚至会约定一套自定义编码来提高编码效率，比如民国时期在电报中表达日期，就会用地支代替月份，用《平水韵》韵目的排位代替具体日期，称为“韵目代日”。三十个韵刚好代表三十天。那31号怎么办呢？人们借用“世”或“引”来代替。这个造字法很有意思，“世”是会意字，是汉字“卅”和“一”合起来的，卅是30，合起来就是31；“引”是象形字，看上去很像阿拉伯数字31。1938年12月汪精卫降日的电报落款“艳”，这是《平水韵》去声第29个韵，代表发电日期是29日，这封电报史称“艳电”，“艳电”在近现代历史术语中无关什么桃色事件，就是一个正儿八经的专业名词。

电报电文是一种脱水文字，每个字都承担着重任，一旦少发一个字，极易造成误解。而《吕氏春秋》这类洗练精准的文言文，在漫长的时间长河中极易发生残失散页、语义变化、抄写错漏，造成信息丢失和误解。或许也是因此才会有“注疏”一学。

日期	韵目					日期	韵目		
	上平声	下平声	上声	去声	入声		上声	去声	入声
1	东	先	董	送	屋	16	铣	谏	叶
2	冬	萧	肿	宋	沃	17	篠	霰	洽
3	江	肴	讲	绛	觉	18	巧	啸	
4	支	豪	纸	寘	质	19	皓	效	
5	微	歌	尾	未	物	20	哿	号	
6	鱼	麻	语	御	月	21	马	箇	
7	虞	阳	麌	遇	曷	22	养	祃	
8	齐	庚	荠	霁	黠	23	梗	漾	
9	佳	青	蟹	泰	屑	24	迥	敬	
10	灰	蒸	贿	卦	药	25	有	径	
11	真	尤	轸	队	陌	26	寝	宥	
12	文	侵	吻	震	锡	27	感	沁	
13	元	覃	阮	问	职	28	俭	勘	
14	寒	盐	旱	愿	缉	29	豏	艳	
15	删	咸	潸	翰	合	30		陷	
						31	世	引	

相对电报极微的冗余量，有些文本站在另一个极端。譬如商业合同总会给人以啰唆繁杂之感，司法卷宗长篇累牍，App的用户须知也是长得没人有耐心看完。这些应用文本对信息质量的要求极高，本着尽量不当被告、不要出错、不被挑错、不被误解、尽量减少歧义的原则，增加了大量的信息冗余。

5.2 信息质量和信息成本

在编码的时候，信息压缩要压缩到什么程度，信息冗余又要增添多少冗余，这是非常微妙的工作，需要在信息质量和信息成本之间找一个平衡点，有时候要牺牲一点信息质量，有时候不得不增加一点信息成本。我们在做这类工作时，往往会先给信息需求定级，然后再根据级别进行批量操作。

以信用卡的风控机制为例。

银行在批准新卡时，不可能对用户的所有信息一一追根问底，类似你几岁上的幼儿园、中考语文考多少分、每天吃几块钱的盒饭这种，这样信息获取的成本太高了，有的还会受法律限制；一般就问问年龄、收入、职业、地址等和还款能力密切相关的几个问题。问题问得越多，银行对用户还款能力的评估就会越准确。所以说阿里平台做个人小额贷款（借呗、花呗）有极大优势——它手上有用户在支付宝、淘宝的个人信息、消费记录、操作记录，换言之，它能以更低的信息获取成本获得较高质量的信息。

我们日常处理个人信息也是如此。例如，市井传言八卦消息，不过是饭后谈资听过就忘，对自己生活的影响很小。我们对这类信息的质量要求就比较低，不必追根究底多方考证，付出巨额信息成本。若是考大学选专业、相亲结婚，这些事关重大、影响到下半辈子幸福的信息，我们对信息质量的要求就应很高，必须多方考察，交叉验证，兢兢业业力求无虞。

基于信息质量和信息成本的关系，我们可以重新审视日常生活中的一些现象。

譬如我认识的一个程序员，他会花高价购买一把符合人体工程学的椅子，供他每天十个小时落座，会买中上价位的颈椎按摩仪，但他只会买普通价位的洗发水。重度近视的本人，眼镜已经发展为义肢，所以我买别的东西都可以凑合，但买眼镜一定要镜架最轻镜片最好的。

在对待消费品上，我们会根据消费需求，支付与之相匹配的支付成本。对待信息，也是如此。

再如银行对我们的信用卡账单进行核实，并非每一笔都仔细核对，而是会根据消费额度大小要求用户做出不同程度的信息安全确认。对于小额消费，银行允许用户选择无密码快速支付；一般的消费，则需要输入密码；对于突然大额的消费，有些银行会暂停交易，先打电话确认一下卡是否在本人手上。如果想要做到最安全，无疑是给每一笔消费打人工电话确认，但这样做的成本就有点太高了，无论是银行的人力成本，还是客户的时间成本。

再如商用载人飞机的设计。航空旅行虽然从数据上看比较安全，但一旦出事，就是震惊全球的大新闻。这总让人产生疑问：为什么不把飞机做得更安全一点呢？理论上，飞机当然可以更安全，但是安全到某种程度，边际成本会很高，要付出很高的额外的费用——这个费用足以高到让整个航空产业遭受重创甚至暴毙。在这个意义上，人命不是无价的，而是可以计算的，当所有人（包括付钱买机票的消费者）都觉得划不来的时候，飞机制造商为安全付出的成本就会停留在那一步——也就是现在民航商用飞机的安全程度。

人类总是在两难之间做取舍。总是不得不在又贵又好和便宜糟糕的两极之间移动，经过长期的妥协交涉，最终达到一个大家都能接受的程度：不怎么贵，也不怎么糟糕。大家既可以接受它的成本，又可以接受它的质量。信息也是如此。

最典型的例子就是流媒体视频，它很多时候会给用户选择权，你是要

480p的，还是1080p的，还是2160p（4K）的。很多网速不行的用户不愿意承担“等待”的时间成本，会选择降低画质。

如果是写论文时查资料写文献综述，我们往往会求全责备，准备资料时恨不得将全部内容下载阅读，以防万一有什么重要的研究成果没有看到。我们阅读课文时总是会仔细一些，防止有什么知识点错过又被考到；阅读恋人的情书时恐怕更仔细，一字一句殚精竭虑。还有如我们参加摄影比赛，必须是超清大图。

如果是休闲娱乐，就没有这么高的要求了。看8点档电视剧，可以一边择菜一边看，上个厕所回来接着看。用表情包，高糊也无所谓，只要能大致看出意思就行；刷朋友圈，手机拍的照片就行，反正手机上能看清。

同样是看视频，当我愿意支付200块成本（含时间成本）去看一场电影时，我对画质的要求就很高了，但如果我只是在上下班路上的地铁中用手机看一个小视频，480p可能就足够了。这两种选择可以同时存在于一个人身上，听黑胶唱片的人可以同时听MP3，看巨屏IMAX的人也会刷手机视频。

综上，“精确”意味着信息传输、处理和存储的成本。人类对所有图像和语言都不求“精确”，只求信息表达到位，也就是“够用”，对精确度的要求有所不同。比如交通指示牌、朋友圈自拍、道路施工图，比如诗歌、口令、法条、说明书，各自在各自的波段内运作。人类对信息的要求是“够用”且“高效”，而不是精确。

对于信息爆炸时代的我们，现在最难的不是信息的“存在”，而是信息的“选择”。我们必须根据个人需求，“选择”我们“够用”的信息。在那些我们不愿意为之付出更高的信息成本的地方，信息质量必然下降，它们必然扭曲、模糊、错漏，那便是信息茧房存在的必然之理。某些时候，我们允许自己不够清晰不那么准确，允许自己适当陷入茧房之中，以免疲于奔命于支付高昂的信息成本。

5.3　放大信号和降低噪声

信噪比（Signal-to-noise Ratio），是科学和工程中所用的一个度量指标，用于比较所需信号的强度与背景噪声的强度。其定义为信号功率与噪声功率的比率，以分贝（dB）为单位表示。当信噪比大于1：1（高于0分贝）时，表示信号多于噪声。信噪比通常用于描述电子信号，也可以应用在各种形式的信号中，比如测量冰芯内的同位素量，或测量细胞间的生物化学信号。

譬如一个人在安静的房间里说话，噪声小，说话声很清晰，这就是信噪比较高的情况。在这种情况下，信号更容易被准确识别。但如果是在嘈杂的食堂，噪声很大，信噪比低，说话的语音就不容易被识别，即“听不清”，这时就不得不采取一些措施来提高信噪比，比如放大音量。

提高信噪比无非两种手段：1. 放大信号；2. 降低噪声。

放大信号

对于语音这种信号，放大音量、缩小交流距离等都是有效手段，还可以通过增加信号识别度来放大信号。比如军事上把数字0和7叫“洞”和“拐”，本质上是为了增加信号之间的汉明距离，扩大信号的可识别度。这也是一种在信源编码阶段增加冗余的手段，以提高信噪比，提升信息传输的准确率。

由此让我想到选择题的选项ABCD。有些老师念答案时会把D念成“哆”，以和B的发音有所区别。类似地，26个字母在各个国家都有类似的念法，在无线电通信领域，有一套约定俗成的念法，俗称“北约音标字母”。

国际无线电通话拼写字母

国际无线电通话拼写字母（NATO Phonetic Alphabet），是一套罗马字母的发音方式，俗称北约音标字母、国际民航组织（ICAO）拼写字母，是被广泛使用的无线电话拼写字母。

在26个主要罗马字母中，部分字母因为发音相似而在应用中容易混淆，比如B和D、M和N等。当存在背景干扰时，"DH"和"TH"不容易被一下子清晰地分辨。20世纪50年代，国际民航组织用欧美常用名词、希腊字母发音等代替字母的音节，使之更容易被分辨。如下为部分北约音标字母的发音。

字符	摩斯密码	词汇	发音
A	•—	Alfa	(AL-FAH)
B	—•••	Bravo	(BRAH-VOH)
C	—•—•	Charlie	(CHAR-LEE) 或 (SHAR-LEE)
D	—••	Delta	(DELL-TAH)
E	•	Echo	(ECK-OH)
F	••—•	Foxtrot	(FOKS-TROT)
G	——•	Golf	(GOLF)
H	••••	Hotel	(HOH-TEL)
I	••	India	(IN-DEE-AH)
J	•———	Juliett	(JEW-LEE-ETT)
K	—•—	Kilo	(KEY-LOH)
L	•—••	Lima	(LEE-MAH)
M	——	Mike	(MIKE)
N	—•	November	(NO-VEM-BER)
O	———	Oscar	(OSS-CAH)
P	•——•	Papa	(PAH-PAH)
Q	——•—	Quebec	(KEH-BECK)
R	•—•	Romeo	(ROW-ME-OH)
S	•••	Sierra	(SEE-AIR-RAH)
T	—	Tango	(TANG-GO)

如上，“DH”会被发音成Delta-Hotel，“TH”会被发音成Tango-Hotel。这样，二者就能清晰分辨了。

之后，这套发音方式被广泛使用于北约、国际海事组织、国际民用无线电组织等机构。

越南战争时期，美国政府根据缩写把越南南方民族解放阵线游击队，即“越共（Việt Cộng）”游击队称为VC或Victor Charlie。Victor Charlie 即 VC这两个字母的“北约拼音字母”发音。

书写符号上也有类似的现象。阿拉伯数字7的手写体，德国人写的时候会在7下面加一个横杠，防止和2分不清。美国人写4会分两笔写，防止和6分不清。下图显示了德语数字手写体和汉语手写体的区别。

再如道路交通标志。假设我是一个交通警告标志的设计人员，我需要绘制一个“禁止机动车通行”的标志，告知机动车司机请勿通行。那我画如下标志即可——

这是一个抽象的标志，简化了很多信息，比如车辆的颜色、车胎的纹路、挡风玻璃的反光等。对于从未见过这个标志的人，可能并不清楚这是什么意思，因此学习驾驶科目一的时候我们要对驾驶员进行培训——这是一个约定“解码”方式的过程。

如果我在这里画一辆细节完整的车，再写一行字“禁止机动车通行”，那就不需要经过告知，所有人都能明确这一信息。但是，如果这辆车细节完整，有反光有阴影有颜色，还有一行字，那我们辨认它就需要更多的成本——包括更长的辨识时间，更多的注意力等——就不能在十米开外一眼认出了。更何况天下汽车千千万，没有办法给每一辆车画一个不同的标识。

综上，提高信噪比，需要放大信号，约定一套双方都认可的编码和解码方式。

洞、拐是军事上对0、7的编码；0、7又是语言对这两个数字所代表的含义的编码。关于自然数的约定清晰明确，不易误解，但我们的语言不仅仅是自然数，还有名词、形容词、动词，其中有边界模糊的复杂概念，有风水流转的语义变化、有南辕北辙的区域差异。不同的词汇和语法在不同年龄、地域、方言、受教育水平、文化背景、生活经验的人口中有相当的理解差异。

当我们思考、说话、记忆时，即便大家都使用同一本《现代汉语词典》作为编码解码工具，依然会根据个人理解有不同的解读。为了避免解码失真，表达者会在组织语言前有一个遣词造句的过程，无论这个过程是不假思索的、稍纵即逝的，还是推敲良久的、捻断茎须的。在这个编码的过程中，为避免不必要的误读，表达者也会尽力在语言表达层面放大信号。

然而被误读是表达者的宿命。作为作者的我一定会被误读，因为我不能试图去消灭所有被误读的可能，而只能去减少它。我可能会用许多例子，从多个角度描述同一个重要的理论，增加信息冗余，减少自己被误读的可能性。但要想完全不被误读，就不得不写成法律文书，失去可读性，反之亦然。

自然语言本身只是一套“够用”的明码，相比计算机编程语言、数学公式，自然语言语义相对模糊、边界重叠。遣词造句的过程，是一个选择的过程，有选择就有偏好，有偏好就有信息茧房。同一个概念，有人用“房子”，有人用“家”，有人用“避风港”，有人用“小窝”，各自包含了表达者的态度。

从牙牙学语的第一天起，我们就开始构建信息茧房。这是自然语言自带的属性，除非你用编程语言思考，用数学公式交流，否则茧房必然存在。

降低噪声

除了放大信号，也可以用降低噪声的手段来提高信噪比。

大家在社交平台上比较熟悉的“功能屏蔽”即是一个相当有效的手段。我对某些信息不感兴趣，在我的信息流里这些信息都是噪声，所以我设置关键词过滤掉它们。在剩下的信息中，我感兴趣的信息浓度就增加了，即提高了信噪比。日常上网，善用“拉黑”，能有效提升我们的网络使用体验。

“屏蔽”的对立面是“筛选”。譬如给用户发邮件广告——虽然在用户眼里这些都是“垃圾邮件”，但对于厂家来说，这些都是花钱购买的曝光机会。厂家是怎么购买的呢？一家女装品牌，可以选择群发邮件，每封邮件1分钱。但这些邮箱用户来源混杂，目标用户的比例比较小，即信噪比低。厂家可以要求增加筛选项，增加一个筛选项多付1分钱，比如筛出“女性用户”，再筛出“18～25周岁”目标年龄，再筛出“活跃用户”，多花一点钱，可以大大降低噪声。

早期的社交平台，如BBS，根据信息分类，把一个论坛分割成很多个版面，让用户去自己感兴趣的板块中交流，有点像线下生活中的兴趣小组。后来的推特、微博，根据信源分类，让用户去和自己感兴趣的人交流，有点像线下生活中的交友。如今的抖音、Spotify，它们的核心优势是算法推送，主动把内容喂到用户嘴中，有点像线下生活中的直销，不过推销者是算法和AI，而不是真人。

以上机制的目的都是降噪。

前几年很火的“断舍离”“钝感力”也都是降噪思路。

在信息过剩的年代，信息混沌而嘈杂，要想达到“信息民主”——即实现一个“所有信息都能被人所知”的乌托邦，是不现实的。现代科学分支的深度和广度已经超越了人类大脑和寿命所能掌握的极限，不会再有像高斯那样的全才出现。甚至在学科子领域内，大部分专家也只能对部分专题有深入的理解，出了这些专题或子领域，其所知并不比普通人多多少。这是一个不可避免的织茧的过程，我们也不可避免地需要依赖他人的整理、推送来获取信息，甚至依赖于他人的理解和验证来完成对信息的内化。例如，不可能每个人都去太空看一眼地球的形状是圆是平，关于地球形状的认知要依赖于他人的观察、推测、结论，再以此去形成自己的知识体系和世界观。

每个人都在寻找自己的麦克斯韦妖，都在以自己的偏好把有价值的信息从中分辨、提取出来。茧房对于茧中的蚕蛹而言，是桎梏，也是保护。它坚固透气，保持一定封闭性的同时，留出与外界有限交流的缝隙。茧的本意是保护脆弱的蛹，而不是困住蛹。最重要的，是我们要明确自己以怎样的标准、怎样的代价、怎样的权衡去构建自己的信息之房。构建信息茧房是一种有效提升信噪比的手段，我们必须学会与之共存而不为其所限。

香农信息论的核心思想可以拓展到方方面面，这是一种“道”的哲学，而非“器”的应用。他告诉我们这个世界是不确定的，不要试图寻找绝对的确定，而是要在不确定中找到概率最大的那部分作为目标。

回到开篇刘慈欣的《诗云》，这是一个关于无限信噪比的故事：在嘈杂之中听到旋律，在太阳系中找到李白的诗歌，在森林中找到那片树叶。

这个世界中的信息，确定是一时的，不确定却是永恒的。人恒处于一种不确定的状态中。我们学习知识，学到的东西可能会有误解，做的题可能会出错，科学原理会过期，金科玉律会被推翻。我们和别人交流沟通，双方的理解会有分歧，信息会在往返中丢包、被误读。

我们看到的世界和我们理解的世界，并非同一个世界。

我们理解的世界和我们描述的世界，亦非同一个世界。

父母不理解子女，恋人试探彼此，领导敲打员工……语言、图像、声音，甚至坐标、位置、时间，所有信息的传达都是不确定的，都有可能被误读。我们只能在永恒的误读中解读相对的正确，在永恒的不确定中确定能确定的瞬间。

5.4　有损采样和无端脑补

哈夫曼编码：概率与效率

哈夫曼编码（Huffman Coding）是一种用于无损数据压缩的熵编

码（权编码）算法，由美国计算机科学家大卫·哈夫曼（David Albert Huffman）在1952年发明。

计算机处理信息时，哈夫曼编码使用变长编码表对源符号进行编码，其中变长编码表是通过一种评估来源符号出现概率的方法得到的，出现概率高的字母使用较短的编码，反之，出现概率低的字母则使用较长的编码，这便使编码之后的字符串的平均长度、期望值降低，从而达到无损压缩数据的目的。

举个例子。在英文中，e的出现概率最高，而z的出现概率最低。如果哈夫曼编码对一篇英文进行压缩，e用1比特来表示，而z则可能花去25比特。如果不用哈夫曼编码，每个英文字母均占用1字节，即8个比特。假设在某篇英文文章中，e出现的概率是z的2.4倍以上，那么使用哈夫曼编码就是更为高效的编码方式。

同样的情形在生活中也很常见。譬如我们使用的拼音打字法，如果想打“我们”一词，一般来说输入“wm”即可，一排一座就是这个词，无须输入“women”；想打“的”，输入“d”即可，一排一座就是这个字，也无须输入“de”。词频越高的字词，编码就越短，越会被推送到靠前的位置，这有利于打字效率的提升。

语言本身就是一种信息的编码。我们把想表达的内容用语言编码，作为信号，通过信道发送出去，对方理解了我们想要表达的内容，也就是解码。

你看国外游戏玩家做速度通关视频，你会发现，如果有的选，他们一般会选择中文作为游戏语言。因为中文做字幕最短，汉语播放剧情最快。对此，我们可以以数学计算来证明。

假设在一个系统S内，存在多个事件$S = \{E_1,\cdots,E_n\}$，每个事件的概率分布为$P = \{p_1, ..., p_n\}$，则每个事件本身的讯息（自信息）为：

$$I_e = -\log_2 p_i$$（对数以2为底，单位是比特（bit））

如英语有26个字母，假如每个字母在文章中出现次数平均的话，每个字母的信息量为：

$$I_e = -\log_2 \frac{1}{26} = 4.7$$

以日文五十音平假名作为相对范例，假设每个平假名日语文字在文章中出现的概率相等，则每个平假名日语文字可携带的信息量为：

$$I_e = -\log_2 \frac{1}{50} = 5.64$$

而汉字常用的有2500个，假如每个汉字在文章中出现次数平均的话，每个汉字的信息量为：

$$I_e = -\log_2 \frac{1}{2500} = 11.3$$

由此我们可以解释，为何联合国报告中、英、法、俄、西班牙、阿拉伯六种语言一式六份，中文的报告永远是最薄的。因为每一个汉字的平均信息量比较大，对于熟练使用汉语的人而言，信息输入输出也会相对迅速。或许也能以此解释为何新浪微博在中文世界的发展势头大大迅猛于推特在英文世界的发展。早期二者都有140字的限制，然而汉字的平均信息量为11.3，字母的平均信息量为4.7，相差2.4倍，也就是说，早期一条微博的满载信息量是英文的2.4倍，这是何等巨大的优势。短文字信息平台简直是为中文而生的。

但这样也有一个弊端，就是学习成本巨大。中国的小学生要学2500个常用汉字，英国小学生只需要学26个字母，同样作为母语，相比学习书面英文，学习书面汉语更辛苦。但是一旦熟练掌握，在同样的信息量下，汉字的编码长度更短，阅读速度或可更快。理论上，如果有人愿意只用0和1这两个数字编码并当成自然语言，也是可行的，我们不用辛苦学习汉字和字母，就像电脑那样，会写出很长很长的编码，可能说完一句“01110011

……”的话就要几百个小时。

前面我们计算汉字信息熵的时候，假设每一个汉字所携带的信息量相等。但实际上，每一个汉字的信息量方差极大，譬如汉字“的”携带的信息量就很少，如果我们要压缩文本，把所有“的”字删除，文本所表达的意义也不会有太大差别。但如果删除重要的实词，或是主语、动词、关键的形容词，就很影响表意了。

一个汉语熟练度极高的人，阅读时不是逐字扫描，甚至不会是逐行扫描。快速阅读时，往往遵循以下流程：

第一步，一眼扫过去，大脑自动采样几个信息熵极高的词，在数秒内对整页或整段文本有一个大致的了解——也就是我们说的“浏览”能力。“浏览”是阅读能力的一部分。学外语的时候，在某个阶段，外语阅读能力可以，但“浏览”能力很弱，只能逐行扫描。

第二步，根据刚才捕捉到的关键词，补足“非关键词”。

假设你和我一样用拼音打字法，那么，手机打字的时候会有一个概念，叫“词频联想”。我在手机上打出“我们的生活”，输入法会自动推送接下去的词，词频由高到低分别是“方式”“会”“状态”“是”“越来越”……这是根据我本人和其他用户的输入习惯生成的结果。输入法认为，我在输入“我们的生活”以后，接下去的文本，最有可能是“方式”，其次是“会”……

在我们阅读时，大脑也会有这样的联想，联想是如此之快，以至于会早于我的目光阅读到这个词，在我阅读到某些“非关键词”之前，早就脑补出来了，等我目光触及这个词，已经不再是和这个词的初次见面，而是“验证”我的脑补是否正确。

这种例子非常常见，譬如之前提到的“一男子在医院割皮包”的例子。生活经验也好，语言习惯也好，概率上来讲“割包皮”都是高频选择。人脑会自动使用哈夫曼编码，把高频词汇往前推，便于我们快速选择。作为代价，就是低频的出错——当句子显示“割皮包”时，人们大多会无法自控地一眼看错。这种“眼瘸”的状况非常常见，看到“高端风干纯肉狗狗零食热卖”，一眼扫去就成了“狗肉干”；看到“梅翊超话”，一眼看成“话梅”或“梅超风”。脑子运转的速度比眼睛更快。

曾经有家长问我，想给孩子培养阅读习惯，能不能推荐一些名著。

我说“这太为难孩子了”。儿童或青少年时期是书面语阅读能力和阅读兴趣的培养时期，这时候就让孩子读《战争与和平》《三国演义》《古文观止》，无异于让一个健身小白立刻去跑马拉松。他跑不动，他可能会受伤，最致命的是，他会因此永远失去对跑步的兴趣，这是不可逆的。

人在儿童阶段，从环境中获取的负熵，要高于他处理日常食物的消耗，因为他对这个世界在不断地进行认知。所以儿童最具有好奇心和求知欲，儿童天然热爱阅读。但也正因好奇心旺盛，儿童的注意力有限，需要不断地接收新鲜的信息，稍微一缺乏兴趣，就容易不停地转移注意力。

如果孩子对文字没有兴趣，可能是他在解码上遇到了困难，他对汉字掌握得还不够熟练。要达到获得“阅读快感”的程度，不仅要认识一个字，还要熟练运用这个字，即熟悉这个字的各种组合，达到足够快的阅读速度，从而让信息的接受效率跟得上。简单地说，理解力要跟得上注意力，如果跟不上，就会觉得“这本书很无聊”“不如去看图画”。

汉字熟练度，细讲是一个很有趣的话题。上文说的“浏览”能力，在实践中，或可称为“泛读”能力，要求快速、准确地捕捉信息。对于做题而言，“准确”很重要，但对于阅读兴趣而言，“速度”更重要。速度来自何处？来自对下文的预测准确度，这个准确度又来自词频库的数据积累。换言之，阅读快感来自阅读速度，阅读速度来自脑补能力，脑补能力又来自脑补数据库。

和输入法不同的是，个人的词频数据库是根据自己经年的阅读量积累而成的。阅读量越大，这个数据库就越可靠。阅读量少，数据库的词频表就会非常不准，继而影响阅读速度。这就是刚才所说的汉语阅读的“熟练度”的意义——不仅仅是对每一个汉字每一个词语的知悉，更有词频库的建立、积累和优化。不同的作品，词频库不一样，如果长期沉溺于用词浅显、信息密度较低的小说，对词频库的积累并无益处。

因此，对儿童来说，“看世界名著”不应该成为阅读的唯一目标。阅读名著需要理解力，获得阅读快感的门槛较高。儿童阅读初期的目标应是怒刷汉语字词编码的熟练度，训练这种“脑补”的能力。词频库建立了，词频数据积累了，熟练度到位了，才能有读名著的兴趣。这和谷歌用海量图片训练AI识图是一个道理。

不管你是否愿意承认，人生中大量重要信息都是以文字形式输入大脑的，比如基础教育知识、脑力劳动者的专业能力、重大新闻的解读等。同为中文母语者，我们总是低估人与人之间汉语阅读速度和阅读能力上的差别。这种母语阅读能力的差别，会导致信息输入效率的差别，影响终身。用孩子喜欢的文本刷熟练度，给汉字一个机会，能轻松让汉字在孩子面前混一个脸熟，否则，他可能终身抗拒文字。

快速阅读不仅有利于提高语文成绩。人一旦有了快速阅读的习惯，适应了快速阅读的速度，就拥有了在文字的信息流里徜徉恣肆的能力。想想我们的一生，从阅读课本、阅读考卷到阅读广告、阅读朋友圈，有多少时间在阅读中度过，一旦拥有这种快速浏览的能力，简直可以说凭空增长几年寿命。

我们经常会看到一些作家、文字工作者抱怨，“现在的视频号太多了，几秒钟能看完的信息，不得不看一个人在那里说啊说”，或是“我不能听书，听书效率太低了，让人着急”，这也算是阅读能力很强的某种后遗症吧。

艺术和信息熵

香农的信息熵只反映内容的随机性，与内容本身无关。但如果我可以用信息熵做一个比喻的话：在一张图片中，机械重复的信息——譬如规则的颜色和规则的布局——更容易被无损压缩，这些信息提供更低的信息熵。同理，机械重复的桥段也为文学作品提供更低的类信息熵。一些网络小说我们可以顺畅阅读，千万字读完后却不觉得留下些什么，恍若看了一张纯色图片。因为我们人脑的存储空间有限，会对信息进行压缩，部分低质网文的压缩率比较高，存在脑中不占什么空间。

曾经有个经久不衰的议题，叫作“什么是好的文学作品”，人类史上讨论了几千年，有个专门的学科叫“文艺学”，关于此话题的著作汗牛充栋。在民间，也是每隔一段时间就会被重新拿来讨论一番，各路人马针尖对麦芒，有觉得“好”的文学应该是“人民群众喜闻乐见”的，有觉得普罗大众品位堪忧的，有觉得文学已死的，也有觉得活着的才能叫文学的。

现在我们从信息论的角度重新审视这个问题，也许可以有一些新的解读。比如，以所有文学作品为一个整体，无论是形式上还是内容上，如果一个新作品能让文学获得的“信息熵”越多，那么它就越优秀。

很多人曾困惑于严肃文学和通俗文学的差别。同样是金庸的作品，为什么我们会觉得他的大部分是通俗文学，但《鹿鼎记》似乎有点例外？同样是世情小说，为什么一般认为李碧华的是通俗文学，但张爱玲的更艺术一点？作为严肃的艺术和作为不严肃的商品，其中的界限在哪里？网络文学的定位在哪里？

或许可以这么说：严肃文学为文学这个大世界增加宏观态，而通俗文学为文学这个大世界增加微观态。网文作为一种文学形式，自会有网文的严肃文学和网文的通俗文学，只不过是比例大小的问题。

不仅是在文学领域，在其他诸如音乐、绘画、雕塑领域也可以这么说，并且严肃和通俗只是一个维度的两极，作品坐落在一条连续的坐标轴上，而非遥遥相望的两端。喊麦、口水歌、油画、卡通头像设计、礼品制作、玩偶改装、段子手的段子、《收获》杂志上的小说……各自有它们的位置。

人类对这个世界的感性认知丰富细腻、幽微深远。文学作为一种艺术，在表现人类感性认知上，始终在探索其无限的可能性。我们的感性认知，有已经被文学探索到的那部分，有未被文学探索到的那部分。能探索前人未探之路，就是优秀的作品。很多作品，例如，《八十天环游地球》或《弗兰肯斯坦》，以今日眼光来看，不过尔尔，但对当初的科幻文学而言，有其作为开路者的重大意义。它们不断开拓文学的题材、写作形式、审美标准……不断拓宽“美”的边界。

然而人类的大脑像是一台硬件有限但算法不错的计算机，文学自有其硬伤。人类使用的自然语言，是一种一维线性的传输工具，为了适应我们的大脑，和两台电脑互拷数据的效率比起来，两个人通过自然语言交流有天然的短板：一是信息“交流”的带宽太窄（听说读写），二是人类信息“处理”的速度太慢还丢包（理解记忆）。人类最多一秒钟看一段话，电脑可以一秒钟读一本书+一张图+一个小视频。

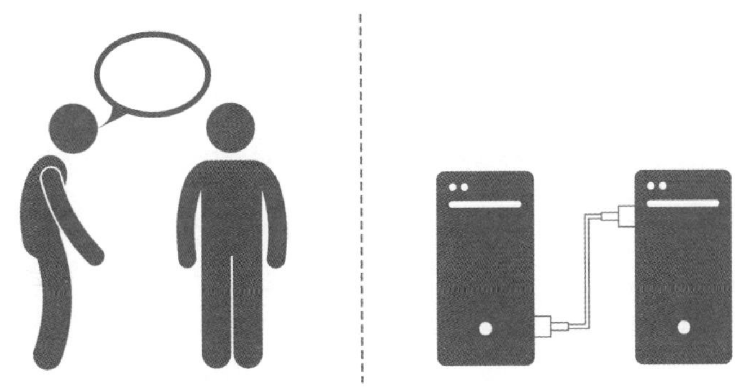

为了克服“交流”短板，输出方在编码时不得不采取“有损采样”，输入方就不得不学会“无端脑补”。再啰唆的小说，叙述人物外观、服装纹样、气候风物也不能全部到位，只能择其精要。文学上的有损采样，怎么“损”，是作者个人的技术和艺术问题；读者的“脑补”，怎么“补”，就是一千个哈姆莱特的问题。有损有补，就有信息传递的错误，就有了词不达意和理解无能。洋洋大观如《红楼梦》，大量的细节需要读者自己揣摩猜测，这才养活了一干红学家。

这就是为什么某些缺乏细节的印象派油画、漫画、甚至简笔画更能表达作者的创作意图，某些主谓宾全无只有意向堆叠的诗歌也更能表达情感——因为作者已经帮我们过滤了一遍杂冗信息。

印象派的草垛写生图，相比作者所写生的真实场景，能传递更多作者的主观意图。唐诗相比科技说明文，也是如此。以我400度散光的眼睛看世界，放眼望去都是印象派，算不算图像艺术呢？当然不是，艺术是关于信息该如何过滤的“选择”方法。过滤什么，不过滤什么，强调“选择”。我摘掉眼镜，只是技术上的均匀过滤，没有“择其精要”，并非“选择”。从这个角度说，艺术，在某种程度上是一种营造法式，是艺术家构建的自己独一无二的信息自建房。

知识和信息熵

信息茧房形成的一个重要原因，是我们不愿意支付更多的成本去了解信息源头，去思考和辨析信息的可信度。问题是，追根溯源去思考和辨析是要花费大量成本的，或许是时间成本，或许是经济成本。大家都这么忙，为什么要事事亲力亲为去考察、思考一番呢？譬如我可能有精力去考察甲方说的需求到底是什么意思，但没有精力去认真考察明星八卦。对于明星八卦，大多数人无非图一乐，懒得分辨，也懒得考证，这是很正常很理性的选择。在这样的选择下，最终在某个领域待在信息茧房之内也顺理成章。

关于“我们到底要对信息考证到什么程度”，可以分成很多级别。这几年很流行一种自媒体，可以有“十分钟看电影”，也可以有“三十分钟讲一部电影”；可以有“五分钟读一本书”，也可以“700个课时讲一本书”。

前者是一种压缩率非常高的有损采样。对这种现象，人们的态度大相径庭。反对者认为，它们对信息的压缩率太高，相当于用十字绣的像素数欣赏蒙娜丽莎，毁了原作品的精妙；支持者认为，他们提供了低成本了解该产品的渠道，十字绣蒙娜丽莎不行，但像素游戏很多人喜欢呀。接受还是拒绝这类自媒体，就看你是要求信息质量，还是要求信息成本了。

在信息茧房中，人们只看“我想看”的东西。这是我们对外界信息的一种有损采样方式。事实上，基于当下每个人类个体所面对的信息总量，所有人都只能选择有损采样来获取外界信息，至于怎么个“有损”法，就看个人偏好了。有人偏好权威信息，有人偏好个人判断，有人偏好跟自己立场一致的信息，有人偏好对自己有利的信息。有偏好，就有茧房的基础。即便是对一个人来说十分重要的、专业的领域，也极有可能陷入信息茧房。

人类无异于赛博时代的滤食性动物。信息茧房是人类以大脑的带宽在信息的汪洋大海摄食的必然。

5.5　广播与窄播

群我传播

随着传播学实践的不断推进，对于茧房的观察也有了与时俱进的视角。

传统传播学理论把传播方式粗分为两大类，大众传播（Mass Communication）和人际传播（Interpersonal Communication）。

大众传播强调受众的规模和同质性，以及信息的公共性，不太涉及互惠的信息交换。传统大众传播模式的例子包括广播电视和电台、报纸、电影、书籍和录制的音乐，它们有4个特征——

1. 信息单向流动
2. 媒介信息
3. 传递给大规模的受众
4. 发送者并不知道接收者的个人特质

人际传播在传统上被定义为双向的、极少数参与者之间的非媒介的信息交流。人际传播理论承认人际关系的异质性，并且通常强调交流者之间关系的发展或影响，或者强调双方信息交流的相互影响。它也有4个特征——

1. 信息双向流动
2. 信息不通过媒介
3. 参与者数量极少
4. 发送者和接收者对彼此的个人特质有所了解

然而，近年来随着新型媒体的发展，大量学术研究开始对这种传播学二分法有所质疑。有一些新的渠道可以同时具备大众传播和人际传播的功能，对曾经的经典理论形成挑战。传播学学者们发现，二者的边界似乎开始模糊了。交互式数字技术让单向/双向、媒介/非媒介、一对一/一对多传播、无差别受众/熟悉者等标准开始变得不那么清晰。

信息往往先通过大众传播分发出去，然后通过社交网络在人际传播中被“解释”，从而形成了一种新的传播机制，即群我传播（Masspersonal Communication）。为阐释该传播机制，加州理工州立大学的帕特里克·奥沙利文（Patrick B. O’Sullivan）和伊利诺伊州立大学的迦勒·卡尔（Caleb T Carr）在他们的论文《群我传播：一个弥合大众-人际传播鸿沟的模型》[1]中引入了一个新的模型——MPCM（The Masspersonal Communication Model）。

这是一篇紧跟时代步伐的论文。在论文中，作者通过群我传播模型建立了一个框架来定义既不适合大众传播也不适合人际传播却越来越普遍的模式。

在模型中，作者为信息定义了两个维度：信息获取的可及性和信息内容的人格化（Personalization）。

信息获取的可及性具有两个极值。

1. 可及性极低。

   譬如QQ私人消息、和好朋友发微信或电子邮件、一对一打电话，面对面私下沟通等都具有极高的排他性。我们默认在以上沟通方式中，除了发信人以外，只有一个人可以获得信息。这是一种私密信息。一般认为人际传播的可及性很低。

2. 可及性极高。

   譬如公共电视、广播、公开演讲、抖音/快手短视频发布等。我们默认在以上沟通方式中，所有人都可以得到发布的信息。这是一种公开信息。一般认为大众传播的可及性极高。

信息内容的人格化也具有两个极值。

1. 人格化极高。

   接收者认为信息反映了他们的兴趣、经历、社会关系等人格特征。QQ、微信、微博的私信、朋友间的电话、聊天等，往往被认为人格化极高。人格化信息只适用于预定的接收者，可以是某个具体的人或粉丝群体。

1　英文名称为“Masspersonal communication: A model bridging the mass-interpersonal divide”。

一般来说，人际信息对接收者来说是高度个性化的。

2. 人格化极低。

当信息反映出对接收者的了解很少或根本不了解、不包含任何客制化内容时，可以认为是人格性极低的信息。比如《新闻联播》并不知道我作为它的观众姓甚名谁，报纸杂志也不关心具体的读者有什么人生经历。

一般认为大众传播信息不反映任何个人听众/观众/读者的独特性或差异性，大众传媒眼中的读者个体是无差别的、均一的。

综上，“大众传播”的可及性高，人格化低；“人际传播”的可及性低，人格化高。

如果我们以可及性和人格化分别作为坐标轴，可得以下坐标图。

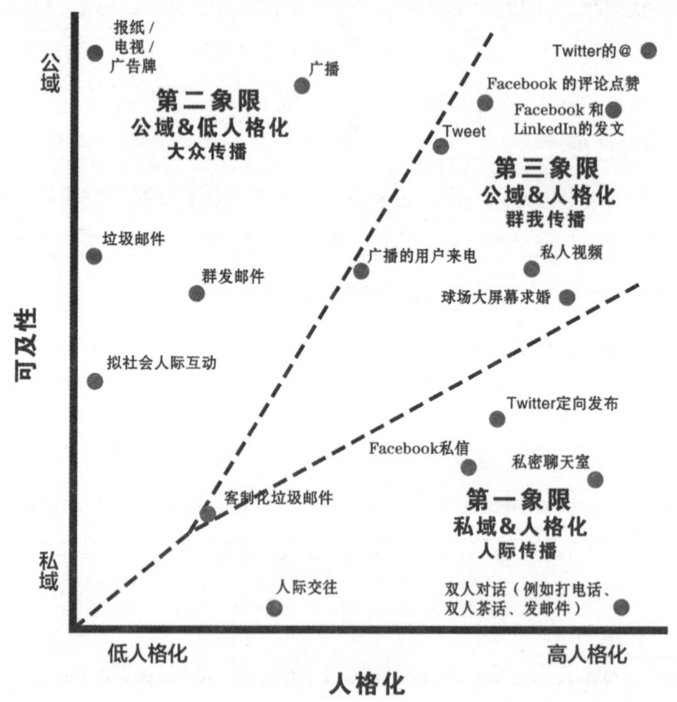

两位学者在上图中，依据信息获取的可及性（纵坐标）和信息内容的人格化（横坐标），将传播方式分成三个区域。需要注意的是，这些区域的维度是连续的，边界和示例信息的位置只是为了说明问题。

其中，一对一的对话、私人聊天室等传播方式属于高人格化、低可及性，在坐标系的右下角的第一区域，即“人际传播”领域；报纸、电视、广告牌等传播方式属于低人格化、高可及性，在坐标系的左上角的第二区域，即“大众传播”领域。

而在中间第三区域中，右上角那一大块属于高人格化、高可及性的，就是我们要着重讨论的传播方式——群我传播。

在这个区域内，信息传播时使用的是人们能够更广泛接触的渠道（如传统的大众传播渠道）和更加个性化的信息（如传统人际传播中常见的信息）。群我传播本身并不是全新事物，在新媒体出现之前，人们就已经开始群我传播，只是新技术使得群我传播更加普及，并成为一种相当主流的传播方式。

在群我传播中，发信人对信息的个性化和信息的可及性的判断，会影响发信人的判断，进而影响信息本身。简言之：当我知道我在被观察后，我发布的信息就发生了某种改变。

信息可以沿着个性化和可及性这两个维度变化，也可以根据传播者的行动而改变，可以为受众量身定做，即定制个性化的人格化的信息，对特定的受众群体进行“窄播”，而非广播。

“群我传播”强调传播者“主观”上对信息可得性的认知，这是一种“期望”。这种被传播者感知到的可及性，重新建构了传统的大众传播和人际传播之间的“受众规模”的级别。

以微博使用为例。很多人有多个微博账号，有大号有小号，有追星号有学习号，有私密号有公开号，针对不同的账号用户会有不同的人格。这些人在发布信息时，既明确账号面向所有大众，又明确账号针对哪一类具体的人群。用户往往在用小号表达意见时较为尖锐大胆，在用百万粉丝的大号（如果有）表达意见时较为谨慎，因为他知道后者粉丝更多，影响力更大，博主对发表的言论要承担的风险也更大。

随着网络跟踪技术的发展，个人的在线活动越来越被紧密跟踪，以便平台方根据用户的兴趣收集数据，创建和呈现越来越多的个性化信息（如广告）。窄播广告处于大众传播广告和人际传播广告之间的区域，即上图中的第三区域。

譬如我们常常在手机App上收到客制化广告。随着本人的年龄增加，广告内容从相亲交友、鸡血励志一路到赴美生子、产后修复、儿童教育；如果我把性别设置为女，多是减肥美容广告，如果把性别设置为男，则多是植发、壮阳广告。这说明广告发布者对我个人是有一定了解的，无论这种了解是否准确。这些广告也是群我传播。

跨域窄播

当下有一种常见的传播现象，譬如有个人，八卦爆料，把别人私底下发给他的一对一的微信对话，截图发到了微博、知乎、豆瓣上，这就是跨域传播。此时，本来存在于人际传播的信息，获得了大众传播的体量。原本在第一象限的信息（高人格化，低可及性）往第二象限转移（低人格化，高可及性）了。

微信私信是一种典型的人际传播，可及性极低，人格化极高。我们发微信的时候，了解对方的人格特质，对对方关于信息的反馈会有一定预期，基于这两点，我们说的话会和公开发言有所不同。很多经验丰富的人，在微信上传递私密的敏感信息时，会避免使用文字，而是使用语音。

虽然在法律上，语音留底的效力一点不弱于文字，但语音——尤其是在“语音-文字”转化工具出现之前——不利于截图后在可及性更高的媒体上进行二次传播。

譬如我要表达某个意见I，我的表达方式会因人而异。我向个体A的表达为x，对个体B的表达为y，对大众的公开表达为m。假设我对A的微信私信x被A公开发布到网上并被大量转发，成为“我”对大众的表达。那么关于意见I，我对大众的表达本该是m，现在却是x。在x和m之间，就是被误读的那部分内容。

举个例子：

A. 王女士对十八岁的女儿说，女孩子晚上别玩得太晚，早点回家。

B. 王女士在微博上发文称，女孩子晚上别玩得太晚，早点回家。

这两句话有什么差别？

第一句话是人际传播，有指定的收听对象。第二句话是大众传播，面向无差别的受众。大家都知道客观上女性晚间出门的安全风险高于男性，所以当我们看到第一句话时，会觉得这是一个用心良苦的母亲，而我们看到第二句话，会觉得有点不太对劲。

两句话听上去都是在担忧女性安全，都是“为你好”，但因为面对的对象不同，所包含的意义也不一样。前者表达的是“妈妈很担心你，妈妈希望你安全”，指定对象是“女儿”；而后者的潜台词是“女性不应该太晚回家”，指定对象是“全体女性”，这句话的潜台词是要压缩全社会女性的生存空间，削减百年来女性好不容易争取来的自由平等生活的权利——即便说话人原本没有这个意思。[1]

同理还有，“别穿得太暴露”“早点结婚”“××是个大傻瓜”等诸多表述，在不同的可及性面前，有着极大的意义差别。

在上一章，我们花了不少篇幅来解释语言是一种解码，编码解码未必能次次成功。所以，被误读是表达者的宿命。当人在信息茧房中，和茧房中的其他个体一起交流时，信息表达的完善性和严谨性不会做较高的要求。因为茧房中的诸位高度均质化，对信息的前因后果、背景条件都有过预修。当这些信息在某天被意外“出圈”时，圈外群众并没有茧房中的知识预修，所理解的和所表达的就出现了偏差。

有时候，会出现跨多个平台的跨域窄播，像打水漂一样连续推进。例如某人相亲后和对方起了冲突，他把双方的几行对话信息截图发到了微信朋友圈。之后，这张截图又从朋友圈流向豆瓣、微博、虎扑。在豆瓣、微

---

1 社达：社会达尔文主义，有时在中文语境中简称为“社达”，是指由达尔文生物进化理论派生出来的西方社会学流派。其主张用达尔文的生存竞争与自然选择的观点来解释社会的发展规律和人类之间的关系，认为优胜劣汰、适者生存的现象存在于人类社会。因此，只有强者才能生存，弱者只能承受灭亡的命运。

博、虎扑这三个平台上，对双方冲突分别进行了各自背景的解读。三个平台可能会形成三种互相对立的评价。

有时候，同一平台内也会发生跨域窄播。在微博上，一个默默无闻的粉丝才几百的素人账号，某天发了类似上文中的不甚“正确”的话，意料之外被几个大号转发，评论过百，都是骂他的。所以，大V不随便“挂人”是一种互联网道德。一个小透明账号对自己的受众期望可能不过500粉丝，而不是大V的百万千万粉丝，他可能完全没有准备好将私域发言进行如此大规模曝光，并迎来巨量的、对他的为人不甚了解的、对语境和前因一无所知的路人的批评甚至谩骂。

如果茧房是必然存在的，那么突破茧房的滋味并不那么美妙，这必然伴随着意见的误解和信息的错配。我们经常会看到某些圈内人士的发言给人一种癫狂不可理喻的感觉，圈外人会觉得他们“疯魔至此”——须知这些“疯话”可能并不是说给我们茧房外的人听的，茧房外的人在嘲笑、批评之前也可以多想想其中是否有被误解的可能。

第 6 章
chapter 6

个体突围，破茧成蝶

6.1 构筑“信息自建房”，配置“信息权重”

我们几乎花了一整本书的篇幅在“探讨”信息茧房，而非“声讨”信息茧房。上下五千年，纵横九万里，宽带每秒两百MB，硬盘两个TB，浩浩荡荡多少信息被制造、被分享、被接受。我们每个人多多少少都无法避免信息茧房的存在。如上一章所说，它帮助我们分拣信息以节省成本、放大目标信息以提升效率、联结社群以提供归属感，以及其他不可或缺的作用。

正如克劳修斯认为，在不可逆的热力学过程中，熵增是永恒的，我们也不要妄图去制造第二类永动机（此处没有“第一类永动机可以实现”的意思）。正如香农认为信息的不确定性是永恒的，我们也不要妄图破除“不确定性”，我们只有和不确定性共存才能更好地输出和输入信息。

信息茧房也是永恒的。不管我们愿意不愿意，基于人类面对的信息体量，和人类大脑的带宽和容量，信息茧房一定存在，否则我们会因为信息拥堵而崩溃或迷茫。

大多数情况下，信息茧房是“被动”建立的，就像某天突然发现身上的肥肉，或是南美大城市周边的贫民窟。它悄无声息地存在，当你发现它的时候，它已经存在很久了。但既然信息茧房无法避免，不如先发制人，“主动”建立，把茧房造成我们想要的模样，把茧房从“商品房”变成“自建房”。

信息自建房

如何建立“信息自建房”？

要回答这个问题，需要我们先定义：什么样的茧房才是一个好的茧房？

一个“信息自建房”有点像细胞膜，它为细胞提供一个支撑和保护的结构，同时也作为一种过滤机制，维系细胞稳定的内部环境。它像一个麦克斯韦妖，能对信息进行选择，它会对信息进行鉴别，为有效信息大开绿灯，给无效信息吃闭门羹。这样，既让“我”免于直接暴露在良莠不齐的滚滚信息流中，保护“我”的主体性不受冲击，还能保证“我”和外部环境做必要的信息交换，以及对外界接收或发布信号来实现自己的细胞功能。没有细胞膜，无法保证内部高效、稳定、独特的局部环境，无法阻挡外部的有害物质；完全封闭的细胞膜，又无法为细胞供给必要的营养和外界信号。

我们可以依此打造属于自己的“信息自建房”——

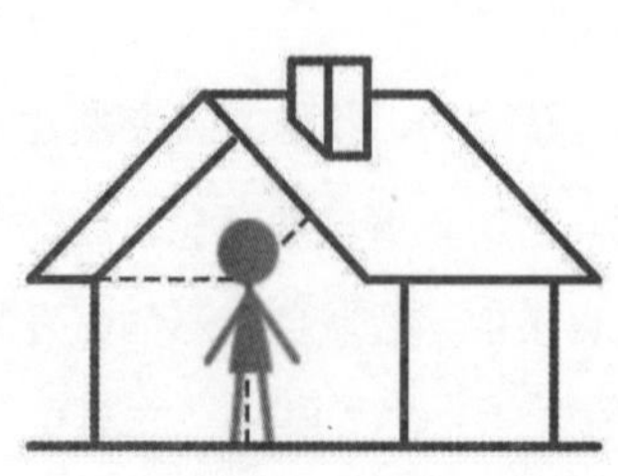

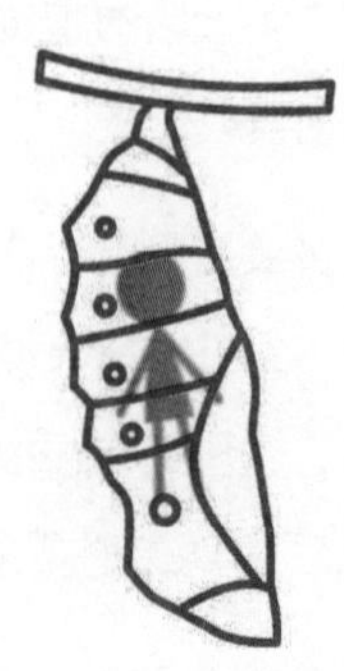

1. 它必须可过滤信息，能够隔离我们的自建世界不被污染。

比如，规定自己不看7分以下的电视剧。但对于一个恐怖片爱好者，他对于恐怖片的要求可能会下降到5分。在社交网站上明确自己的品位偏好，明确可以拉黑什么样的人，可以关注什么样的人，什么样的人值得与之辩论，什么样的人你多看他一眼就算你输。社交账号需要不断维护，这个维护过程本身就是一个“信息自建房”的构建过程。

2. 它必须足够坚固，筛选信息的条件基于稳定的原则。

人的原则不宜朝令夕改，价值观不宜左右横跳，这也应是一个成年人对自己人格的要求。价值观稳定的人更容易保持一致的行事逻辑和做事风格，更容易被认为是可靠、理性、值得信任的人。这要求我们有稳定的价值观基础。相对于“爱喝甜豆浆还是咸豆浆”这种小事，是否相信自由平等、是否追求爱与和平、如何看待科学和信仰之类的大原则才是一个人价值观的地基。

3. 它必须尺度合适，在信息成本和质量之间权衡。

如果把信息茧房比作一间房子，那么小房子住着憋屈，大房子养护成本高。房子的大小可以通过调控筛选规则的松紧来实现。类似HR招聘，或是在论坛上相亲征友。条件开得太高，就会找不到足够的候选人；条件开得太低，又会有太多人涌入，增加筛选成本。每个人在各自不同的领域可以有不同大小的规则，往往你对某些领域越是熟悉，懂得越多，你的筛选规则就越严格。

譬如一个流体力学教授，他在专业领域必然会过滤掉大部分信源，只保留少数几份高质量的期刊、书籍，以及少数几个同行来信。但作为外行人的我就只会从知乎、果壳、科学美国人、B站、油管动画片科普号、微信公众号、杂志报纸上去了解流体力学了，不会从专业期刊上了解流体力学。对于专业期刊，我也不会主动拒绝，但会因为看不懂而选择不看，这也算是某种被动筛选了。

4. 它必须有一个清晰的边界，在自我和他者之间隔离。

自我和他者的边界在哪里，这是一个值得我们用一生去回答的命题。每一次的人生突破，都伴随着对边界的重新认知。对边界的确认，是对自我的再确认。哪些是已知的，哪些是未知的，哪些是不确定的——明确了这些，我们每一次的信息输入才会有一个分类归档的过程，头脑中的信息才会井井有条。

配置“信息权重”

对个人而言，最珍贵的莫过于时间；对信息发布者而言，最珍贵的莫过于你的注意力。每个人的注意力都是极其有限的资源，被分配到每一份注意力上的信息也十分有限。我们知道断舍离的理论依据在于：如果空间有限，那么不要在储藏很少会用到的东西上费心。同理，人的时间和精力更是有限，那么就不要在很少会用到的信息上费心。

之前我们提到，信息茧房形成的很大一个原因是人的信息处理能力是有限的。带宽和空间有限的时候，我们就不得不优先把资源配置给某些特定的信息，这个“优先权”的权重如何配置，成了关键中的关键。如果你选择“我喜欢的信息优先”，那就极容易落入信息茧房的圈套。为了规避信息茧房效应，我们可以遵循以下原则选择信息。

1. 规划信息领地

信息实在太多，为了在有限的时间内接受更有价值的信息，必须有所舍弃。

比尔·盖茨或者其他富豪不会关心今天哪能领免费的鸡蛋，或是小区周围的超市打折信息；但是一些退休大妈可能很想知道。教授并不想知道其授课的几百个学生里谁跟谁分手了；但是对于某学生的暗恋追求者来说，这些信息远比教授的课要重要得多。彼之砒霜，吾之蜜糖，我们需要在意对自己来说有价值的东西。

在目标不明确、行动力匮乏的时候，人很容易陷入信息的流沙中，无目的性地浏览新闻翻看书籍，在信息流中沉溺，自以为是地认为“相对打游戏、看综艺节目等纯娱乐消遣，信息浏览算是某种略有价值的行动”。其实这会大量消耗我们的生命，早一日看清，便早一日增多一分人生的价值。

2. 认证高权重信源

很多大学会给各个专业开一门通识课，叫“专业信息检索”。比如古典文献学专业的这门课，专门讲《四库全书》的检索、地方志如何查看、中外电子古籍库怎么使用、海外汉学有哪些电子资源库、相关领域的论文库分别有哪些及如何使用等，对于专业信息的查阅非常有用。

理论上，不上这门课，直接使用谷歌或是百度检索相关内容，也不是不可以，时间足够长的话终究能兜兜转转找到相关信息库，但这样需要花大量精力。这种“专业信息检索”的课程就是一种信息权重配置方式，在浩如烟海的咨询中，优先介绍学生去接触专业的、权威的信源。

我们应该提高哪些信源的权重？这个问题每个人有不同的答案。基于某种先验概率，在权重配置上，专业信源大于非专业信源，权威信源大于不权威信源。“专业信息检索”就是一种对权威的钦定。

那“权威”又是什么呢？

论文的权威可以是作者的名号，学术大佬发的论文比学术“小透明”发的更为靠谱；也可以看期刊的影响因子（Impact Factor），影响因子高的一般比影响因子低的更为靠谱。大佬之所以为大佬，知名期刊之所以知名，是因为他们过去发过很多靠谱文章积累了靠谱度。下图显示了期刊影响因子和引用量的关系。

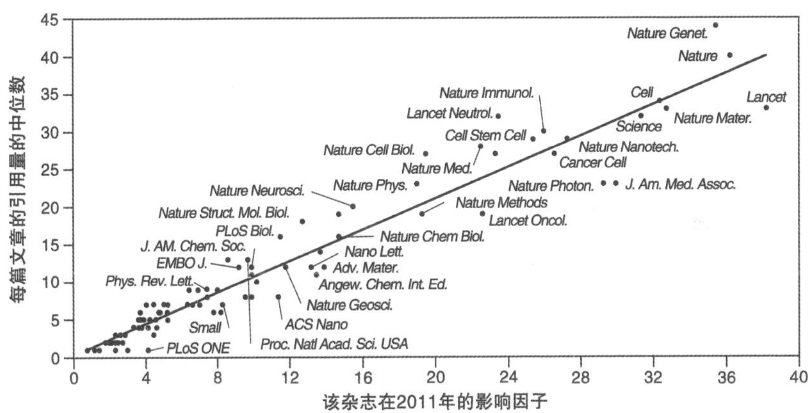

在日常生活中，如果我们特别信任某个人，他说的话在我们心中也会有较高权重。也就是说，这个人在“我”心中有较高的权威。“我”之所以信任他，是因为他过去说了很多靠谱的话积累了靠谱度。

特别需要注意的是，在行业细分的当下，“杂家”和“全科学者”存在的概率微乎其微。所以，常有人说“之前一直觉得某些知名文化人非常厉害，天上地下无所不知——直到他开始聊我的专业领域。”流体力学教授的专业性仅限于流体力学，在非流体力学领域，他可能比一个普通人好不了多少。研究唐代某个诗人的教授，在研究另一位唐代诗人的专业性上，可能也只是比普通人略强。做空调极强的公司，不一定擅长做手机。

那么学术大佬和知名学术杂志在自己擅长的领域有没有坑人的时候呢？我信任了1000次的人会不会在第1001次坑我呢？当然有这个可能，但概率较低。我们需要明确一点：“权威”是一种对概率的形容，而非对事实的判断。对权威的信任没有问题，但与此同时我们必须时刻保持对权威的警惕，根据信源可信度的不同加以不同级别的验证。

3. 减少低权重信源

作为上一条的对立面，我们也可以降权可信度较低的信息源。

这里用的是“降权”，而非“剔除”或是“减少”低效信源。

低可信度信源在生活中不可避免，且有其意义。同事同学之间的闲谈、自媒体号做的历史科普、小报的八卦新闻、论坛的小道消息、名流闲扯的历史小故事……这些信息不太靠谱，但满足了人们某些确实存在的需求。说者无意，听者就不能有心。从这类渠道得到的信息，需要去上一类高权重信源中验证，方可放心接收。当然这类信息不验证也没有关系，只要你不当真。

某些学者有随手检索维基等百科类网站的爱好。百科知识类网站并不是一个特别靠谱的信源，网站上的资料也不足以作为出处放到论文的引用来源中。但这类网站是一个窗口，给人一个看稀奇的窗口，借着不甚靠谱的网站信息，可以获得关键词去更靠谱的网站检索验证，从而成为做学问的助益。

什么是高权重信源，什么是低权重信源，这是一个类似资产信用评级的动态设定。我们可以因为某些信源信用破产而对它降权，也可以因为几次信息质量高于预期而对某信源升权。譬如“德国之声国际版”的新闻，最初在我心中曾经是AAA级的权重，但看了几个隔靴搔痒的中东报道后，这个版面已经被我降权到AA级，如果它们再出几个不痛不痒的报道，我就要放弃这个信源了。

4. 预设信息准入标准

指在接触到信息之前就预设好信息的标准，并在接触到信息后继续贯彻执行该标准。

比如在我个人的信息标准中，“有理有据有逻辑”是一个标准，虽然我不排斥拉黑，但如果有人有理有据有逻辑地骂我，我就不会拉黑他，尽量不因个人立场和喜好而拒绝新信息的输入——当然，不排除我更有理更有据更有逻辑地骂回去，这不矛盾。

如果你不介意蹲在茧房里，也可以定一条这样的标准“凡是反对我的，我都坚决反对”。

《出师表》中诸葛亮给刘禅制定了选择标准“亲贤臣，远小人”。但谁是贤臣谁是小人？2016年美国总统大选，希拉里的竞选口号也给民主党支持者指定了信息标准——“热爱特朗普所憎恨的（Love Trumps hate）”。这可能是史上最烂的竞选口号，我们可以想一想，如果特朗普说“我憎恨暴力”，这事儿该怎么收场。

作为理性人，我们往往会预定正能量的信息标准，比如支持启发性的、前沿的、开放理性平衡的信源，这样的标准会内化为我们价值观的一部分，内化为信息自建房的一部分，坚持类似的标准，坚持听到反对的声音，非常有利于摆脱信息茧房。

5. 信源多点验证

孤证不为证，所以要多点验证增加可信度。譬如学术论文，期刊的声望、影响因子、作者的履历、重复实验的直接证据等，都可以进行交叉验证，以使信息更为可信。再如司法裁定，如果人证物证俱全、动机行动一致，那就比较有可信度。

须注意的是，多个不靠谱信源叠加并不能成为一个靠谱信源。

6. 信息的内化

汽油产生的热能远比同质量的葡萄糖要高，但可惜的是，我们的身体细胞并不能直接吸收和利用汽油，还是只能老老实实地吃人类食物，再内化为我们自身的储能分子。如果是人类幼崽，则连大部分人类食物都不能吃，只能老老实实地喝奶。

同理，信息——作为人类的精神食物——也不是越高端越好、越高质量越好，而是要选择适合自己的，能够被自己内化为有益的。脾胃虚弱的人需要少吃油腻食物，痛风的人别吃海鲜，正在长个子的孩子不要过分挑食，有多少吸收能力就接受多大强度的信息。

我们有“营养师”这个职业，指导人们如何摄入营养，例如，补钙要喝牛奶，而不是啃骨头；但我们还没有“信息营养师”，指导人们如何摄入自身最需要的信息并快速吸收、内化为个人精神的一部分。这个工作只能由我们自己来完成。我们需要了解自己的“知”和“不知”，评估自己的“能”和“不能”，去选择可以被自身内化的信息，提高接收信息的效率。

人们很少低估自己内化信息的能力，因为人遇到浅显的知识会迅速感受到；但人总是高估自己内化信息的能力，遇到看不懂或看着很吃力的信息时总觉是自己还不够努力，而不是基本盘不够扎实。于是花更大的力气去理解和学习，然后收获更多的挫败感和压力。艰难地阅读名著、购买看上去高大上实际上并不会看完的图书、吃力地看远高于自身词汇量的外语作品……这都属于信息消化不良。

7. 个人思辨验证

以上三点都只是初筛。大佬的论文可能作假，江湖传闻可能是真相，多点验证或许“多点”都错，世间有太多意料之外情理之中，太多不合概率却合乎逻辑的事情。

信息茧房形成的原因，是个体面对过量的信息，不得不对信息以某种偏好进行预选。个人思辨的过程，是建立逻辑的过程，是遵循客观规律的过程，是厘清事实真相的过程，逻辑、规律、真相都是独立于“偏好”而存在的东西。思考的过程，恰是摆脱信息茧房的必由之路。

浮世万象，嘴上说的主义，心里或是生意，信源前台的漂亮话儿，信源背后的利益相关，种种微妙，难与人知。同样一则新闻，处在不同立场的媒体会有截然不同的报道。美国石油管道停建，在偏蓝阵营的美国公共电视台（PBS）里，被报道为环保组织的胜利；而在偏红阵营的福克斯新闻中，则被报道为民主党对红州经济的打压。

信源的权重设置和可信度判断、信息的查证和信息准入标准的建立，利益的纠缠，因果的关系，都需要我们投入不同程度的时间，得出相对可信的结论。

如第4章所言，思考消耗能量、吞食负熵、重建秩序，这是一条最接近真理的路，也是一条最辛苦的路。我们可以选择轻松地躲在茧房之内，也可以选择好好利用人类进化了千万年的脑子，去不断探索和追寻真理。

6.2 尊重“先验概率”，区别“刻板印象”

先验概率

很多时候，我们面临的问题都可以归结为“先验概率”的问题。

举个例子。某篇新闻写“武警悄悄接近，一个跨步劈手夺下歹徒手中的利刃，成功解除了人质的危险。其他人一拥而上制服歹徒。事后，她表示虽然现场情况比较危险，但是…”很多人读到这里都会卡顿，认为这个“她”是指人质，但上下文衔接不顺畅。读到最后才发现：哦，这是个女性武警！

因为根据生活经验，武警中女性的概率较低，武警的默认性别是“男”。所以根据该先验概率，警察的代词应该为“他”，读者看到“她”时就会卡顿。

再举个例子。某篇小说写“董事长正在打电话，说‘老公，孩子病了，你晚上早点回家’”，大多数读者在这里也会卡顿。因为读者认为董事长是女性的概率很低，男性喊“老公”的概率也很低，不得不从中选一个概率更高的。

那我们能不能认为这两种卡顿的读者是潜意识性别歧视呢？显然，读者主观上没有歧视的意愿，只是这种卡顿反映了现实的某种概率分布，而这种概率分布，又反映出某种性别不平等的结果。

在第4章中，我们讨论到信息熵的本质是对信息不确定性的度量。在基础版的酒令射覆游戏中，甲用布盖住东西不停地问“它是绿色的吗”“它含有金属吗？”“它是化妆品吗？”乙只能回答是或不是。甲的目标是在最少的问题内猜对其中的物品。随着问题不断增加，标的物的不确定性越来越小，需要提的问题也越来越少。

在这种酒令中，最初我们对所猜物品的内容一无所知，在没有其他信息的情况下，我们会不由自主地使用先验概率来帮助我们判断。譬如，当确定“这是绿色的”以后，就基本不会往“这可能是口红”方面联想了。绿色的口红，有吗？有，但少见。这恰好是一支绿色口红的概率太低了。如为了排除“这是绿色口红”的可能性，我在猜测时增加一个问题，这会降低获胜的效率，减少了我的赢面。

每个人的生活经验不一样，不同的人的联想排除能力也不一样。假设你到美国旅游，被当地人问“你从哪儿来呀？”你答“中国”，咱们觉得这是很普通的对话。但如果是白人或是黑人对美国华裔，尤其是在美国出生的华人问这样的问题，这可以算“种族歧视”。他们会觉得“你凭什么不把我当美国人？我在这里好几代了，你还问我从哪儿来？”凭什么呢？凭脸吗？凭经验中的概率，凭这个人的生活经验中遇到亚裔美国人的概率。美国亚裔没有遇到过或遇到得极少，他更容易觉得“亚裔不是美国人”。同理，人们在现实中遇到的女武警女董事长太少了，大脑会习惯性判定武警和董事长的性别为男。

这样的判断不够政治正确，但利于提升信息接收效率。而这种高效率的认知方式，反过来又会妨碍到政治正确的环境的建立。

再举一个例子。现在的免费邮箱都会设置一些垃圾邮件的过滤规则，如果没有这些规则，一个纯白板邮箱基本上不能用，因为不需要的垃圾信息会极大地阻碍有效信息的传递。设置垃圾邮件过滤规则也是一个自制“茧房”的过程。

受过系统而扎实的科学教育和训练的人，面对大部分的“民科”观点、“论文”都宁愿停留在科学和逻辑的“茧房”之内。从哲学角度讲，我们目前得到的被认可的经典理论未必是正确的，也未必是错误的，但都是符合观察结果的。所有科学理论、科学体系不过是对现实经验的总结。世界的“真相”是什么？我们都不知道。但通过无数表象——也就是实验可知，它们必然是有效的、合理的、对现实世界有解释力的。

从实验结果的有效性可以推论，这些经典理论被验证为“错误的”是极小概率的事件。研读一篇“民科”研究永动机的论文，有两种可能：

1. 极小概率（概率无限接近0，几乎不可能发生）发现世界级惊天大发现，推翻现有大神的理论。
2. 极大概率（概率无限接近1，几乎必然发生）浪费时间去认真细读一篇垃圾。

在这二者之间，理性的人会宁愿选择将有限而宝贵的时间和精力用于他处。

如果一个人在专业领域受过系统而扎实的科学教育和训练，那么在专业领域内，面对大部分的“民科”观点、低质量“论文”、公众号十万加，他都宁愿停留在科学和逻辑的“茧房”内，而不是直面这些未经过滤的非专业信息。但如一刀切拒绝了这些信息，那么有没有可能其中有些是正确的，被错杀了呢？当然有，但概率极小。

读论文时，面对浩瀚的文献之海，会以发表的学术期刊或会议的水平做粗筛，一个严谨的学者宁可以数倍的时间去细读一篇高质量论文，也不愿意浪费时间在粗制滥造甚至可能数据或结论有问题的论文上。

在专业学术领域，也不乏学术不端丑闻，但高质量期刊深知，重复、跟进一个学术新发现，所需的人力物力极为巨大，即接受劣质信息或假信息的成本高昂。所以高质量期刊“宁可错杀一千，不可放过一个”，宁愿牺牲效率，也要通过编辑、审稿人等多层筛选机制提高信息质量。

无论是在政治领域、经济领域还是语言表达领域，效率和公平等都常常会遇到“按下葫芦浮起瓢”的困境。在历史某一个时间点上，效率和公平必然有所侧重。人在信息处理上也是如此。我们赋予信源和信息不同的权重、建立信息茧房或是信息自建房，也是一种“效率优先兼顾公平”的做法。

刻板印象

基于先验概率的预判遍布在我们的日常生活中，当这种固定的概括性的预判扩大化到同一种族、性别、职业、地域的所有人时，我们称之为“刻板印象”，比如湖南人爱吃辣、美国亚裔小孩数学好、程序员缺乏浪漫情趣等。刻板印象并不反映该社会成员的平均人格特质。下图是19世纪反犹主义者对犹太人的漫画，反应了当时人们对犹太人的刻板印象。

刻板印象也是一种信息选择的偏好，也是信息茧房构成的“砖瓦”之一。一个人对某个群体、某类事物的刻板印象一旦建成，只会在刻板印象里取用信息，不断固化原有的认知。

因此在一般语境下，刻板印象是一个带有负面意义的词汇。有大量的文章批判刻板印象，认为刻板印象就是错误的。但本质上，刻板印象是一种抽象概括的认知方式，是一种被广泛采用的低成本获取信息的手段。与其人云亦云否定它，不如先客观冷静地承认它的存在具有一定的合理性。

刻板印象不一定准确，但一定是快捷的。刻板印象能让我们举一反三，迅速推广认知范围。问题是，在快捷和准确之间，我们需要多快捷？又需要多准确？

这个问题有点类似前文中提到的信息质量与信息成本的纠缠。准确的认知可以帮助我们更好地认识这个世界，帮助我们达成目标行动一致性，让我们事半功倍。但是，什么是准确的？准确之上有没有“更准确”？谁来判断是否足够准确？

牛顿万有引力是准确的吗？相对前牛顿时代的古人，他的确很准确，但相对爱因斯坦，他又不够准确。爱因斯坦相对论在今天是准确的，但在未来的某一天，会有更准确的理论来取代他的理论吗？如果有，那种理论能算是足够准确吗？

我们追求的，是能拟合过去经验的认知，以减少未来行动的不确定性。从这个意义上说，刻板印象是人类认识现实、抽象归纳的方式。譬如我让你画一张桌子，你大概会画一张桌子的刻板印象，然而世间桌子千千万，岂是一幅图能概括的？但你画的桌子，会符合你见过的大多数桌子的形象。如果恰好也是我见过的大多数桌子之一，那这张桌子的画，我便能说它是“准确”的。

由此，我们可以理解到，“准确”是一种对概率的追求，是指在永恒的不确定性中界定相对确定的那部分。卡尺可以根据游标估读，年龄可以根据外貌估算，食品的菌落指标从来不要求为零，工程计算到处都可假设真空球形鸡[1]——没有什么是必须准确且绝对准确的。

刻板印象是一种不甚准确但快捷的认知方式。打破信息茧房带来的思想桎梏，并非是要摆脱刻板印象，而是要对刻板印象有所警惕，不仅要明确自己对某一个信息有所了解，还要明确自己所了解信息的“准确”程度，并对现实始终保持观察的态度，不用刻板印象代替观察。这样，方能在利用其快捷性优势的同时，避免其不甚准确的缺陷造成的决策误判。

刻板印象最大的问题不在于对一个群体的归纳总结，而在于将这个归纳总结的结果推广到每一个个体上去。譬如认为“女性爱化妆”，然后见到一个女性，就推断出“她也爱化妆”；或是认为“德国人很严谨”，然

1　真空球形鸡，指在解决问题时，把问题化作一个极简化的模型，做一个极简的推导，用于讽刺盲目简化条件假设前提、过度简化模型，以至于得出的结论完全不符合现实的情况。

后见到一种德国产品，就推断出“肯定质量不错”。

这种思路在日常生活中应用广泛。譬如买四大名著，各个出版社各个版本都有，优先选择权威出版社的，如中华书局、上海古籍出版社。再如看到爆炸性新闻，“震惊！外星人攻打地球”这种级别的，先让新闻飞一会儿，去看看新华社、美联社、路透社有没有出报道。再比如业余想学点医学知识，网络上的信息良莠不齐，比较高效的办法是买一本权威一点的图书，如《中国居民膳食指南》《美国儿科学会育儿百科》之类。在当今这个时代，什么信息在网上都能轻易搜到，那么图书存在的意义在哪里呢？就在信息整合的系统性和信息本身的靠谱程度上。

当下的我们，处于一个严重信息污染的环境。我们被推送太多不想看的广告，被强迫暴露于低质量信息的空间，如果再不给自己套上过滤信息的防毒面罩，受害者只能是我们自己。给自己的信息来源和信息渠道配置不同的权重，关闭一部分通道，缩减一部分通道，将有限的注意力分配到最有价值的信息上去。

6.3 避免信息成瘾，探索思考的快感

什么是信息成瘾

“成瘾”是一个医学概念，是一种生物-心理-社会障碍，是指不顾对自己和他人的伤害，反复使用某种药物，比如烟、酒、毒品；或反复从事某种行为，比如赌博、购物、打电子游戏等。

医学上是这么解释“成瘾”的：成瘾是脑中犒赏系统在基因转录及表观遗传机制上出现的失调。成瘾有许多心理上的原因，但依生理来说，是在长期暴露在高度的成瘾刺激源（addictive stimulus，例如，吗啡、可

卡因、赌博等）后出现的情形。重复暴露于成瘾刺激源是导致成瘾以及维持成瘾现象的主要病理因素。成瘾刺激源有两个特性，一个是其正向增强（接触后会增加再去进行类似行为的可能性），另一个是内在犒赏（认为此物质或行为有吸引力，想要再去进行）。

成瘾性行为是一种失控行为，尤其是对于严重成瘾患者。在著名的“斯金纳箱小白鼠”实验中，如下图所示，受试小白鼠甚至可以因为快感放弃进食、饮水等基本生理需求。

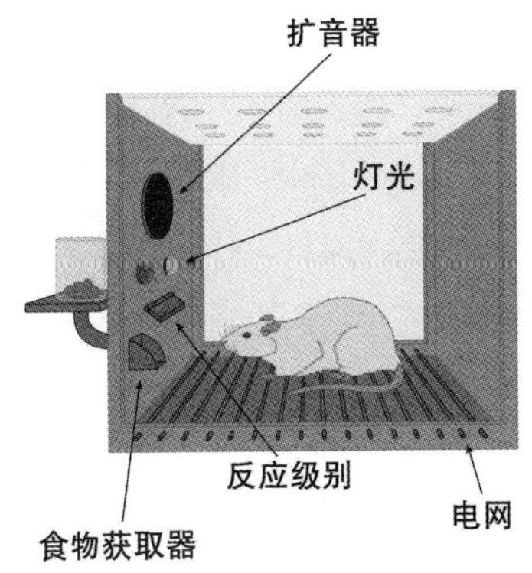

“信息成瘾”是近年来刚刚被关注到的一种现象。相对“网络成瘾”“游戏成瘾”等耳熟能详的名词，“信息成瘾”并非一个成熟的学术概念。它所描述的现象范围更小，所指也更明确。

信息成瘾是一种行为成瘾。严格来说，这应该叫“浏览信息成瘾”，指人无法克制自己获取信息的冲动，不停地以浏览方式获取信息，某些人在减少或停止该行为时会有戒断反应。这种信息获取，并非沉迷学习、热心科研，并不是啃教科书或深度钻研某门学问，而是持续地花时间在信息的“浏览”上，停留在非常浅的信息接收层面，并没有注重信息的消化和吸收。

> 数字时代的环境和氛围比人类历史上的任何时代都更容易叫人上瘾。20世纪60年代，在我们游泳的水域里，危险的东西可不太多：香烟、酒精和毒品都很昂贵，一般人根本接触不到。可到了21世纪20年代，同一片水域里到处都是诱饵：Facebook在下钩，Instagram在下钩，色情在下钩，电子邮件在下钩，网购在下钩，等等。上瘾之事的清单很长，超过了人类历史上的任何时期，而且我们才刚刚了解到这些“鱼钩”的力量。
>
> ——《欲罢不能》，亚当·奥尔特

信息成瘾现象在网络信息上尤为明显，表现为长时间翻阅短视频、微博、知乎、豆瓣等社交平台，时不时检查邮件、微信、QQ等互动信息软件等。根据BankMyCell提供的统计报告，普通智能手机用户每天检查手机次数不少于47次。这就意味着每年我们检查手机点亮屏幕的次数超过1.7万次。

信息成瘾的原因

对大多数人来说，工作、家务、琐事处理是消耗精力的，耗蓝[1]。打游戏、喝奶茶、买口红/包包/高达新手机是积蓄精力的，补蓝。这就是一个用精力换钱，用钱换精力的循环，不停耗蓝、坐地板补蓝的过程。

资本家就在这个循环里随便搬个凳子设卡抽水。他们鼓励你从事更多工作，也鼓励你进行更多消费，这个循环多跑几次，他们就能多抽一点水。

当我们说“我们要拒绝消费主义”的时候，差不多就是断了“用钱换精力”这半截儿。但我们还要赚钱吃饭呀，那精力从哪儿找呢？有人说阅

1 蓝：常指代游戏中的“精力值”，没有“蓝”就无法进行法术攻击。耗蓝即消耗精力值，补蓝即补充精力值。下文的“坐地板补蓝”即强行中断游戏进程，使用一些能恢复精力值的工具。

读啊、跑步啊、种花啊，整些不消费的。整到后来，发现这些都特别耗时间，对精力的回报效率特别低。除非是闲暇时间充裕，工作压力不大的人群，否则常年整这些，人就跟常年吃素似的，情绪层面面露菜色，工作动力严重不足。

总有人想要快速肤浅的满足，想要像垃圾食品一样高效补充能量，然后兴兴头头去干活；想要消费主义那种下单买一只口红、一双球鞋就能收获到的立竿见影的满足。

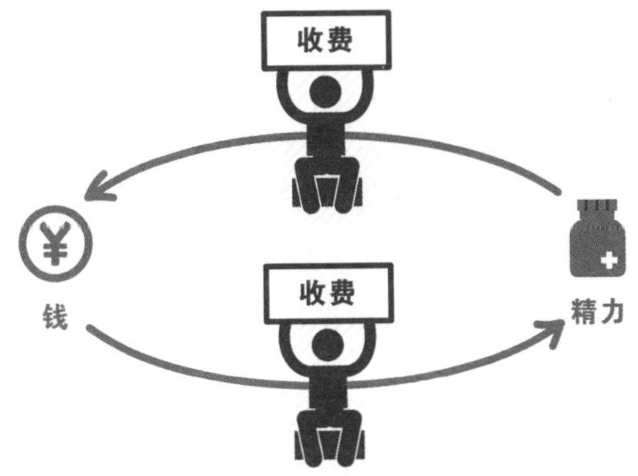

信息成瘾也是类似，它向我们快速提供大量无须思考就能消化的信息，补充我们对信息浏览的渴求。

浏览信息很轻松，消化吸收信息很辛苦。对我们来说，用母语浏览比用外语浏览轻松，浏览图片比浏览文字轻松，浏览视频比浏览图片轻松。浏览碎片信息又比浏览整块信息轻松。到目前为止，最轻松的是“短视频浏览”。谁做好了短视频市场，谁就站在这个时代的风口浪尖。如今，抖音在海外市场独步天下，堪称中国互联网创新的最国际化的产品之一，做了很多前辈想做而没有做成功的事。

浏览只需要人眼扫描，接受信息令人感觉愉快，总让人觉得好像“我又知道了点什么”。而消化信息是一个深入思考的过程，要对信息做选择和判断，就像那只麦克斯韦妖，它不停地做功，消耗能量。

我们的大脑是一个超高耗能器官。人类的大脑只占个体体重的2%，但它的能量消耗占全身能量消耗的20%~25%，也就是说，大脑耗能是身体其他部位同比例的10倍以上。在古老的年代，热量是珍贵的资源，人类辛辛苦苦吃下去的热量决不允许浪费。所以人类进化出“懒癌”，能坐着绝不站着，能躺着绝不坐着。大脑作为高耗能器官，自然也是能不动脑绝不动脑。多保存一点热量，就多一线生机。讨厌动脑子大概是某种人类本能。

动脑和运动类似，是一个自己对自己做功的行为，虽然会加深我们对世界的理解，让我们眼中的世界更加规则，但动脑——也就是思考本身相当辛苦。一些人总是自觉或不自觉地去逃避这种辛苦，而另一些比较幸运的人，能从中收获一些快感作为回报，使其以更大的热情投入这种做功中。

另一方面，直立人作为大草原上的生物，需要对周遭环境保持足够的敏锐，风吹草动，捕猎与被捕猎，生死就在一念之间。或因此，人类又厌烦一成不变、毫无信息输入，比如在高速公路上开车，实在无聊又令人困倦。既害怕没有信息输入，又害怕思考输入的信息，二者叠加在一起，就形成“浏览信息”的偏好。类似于酒肉穿肠过，佛祖心中留。任凭信息浪涌万千过眼，我只看不想，我自岿然不动。

和之前说的抄书、十字绣、编织、填色游戏、烘焙小饼干等行为一样，“信息浏览”只需要人的注意力，而无须动脑。对于日常脑力、心力消耗较大的人而言，漫无目的地浏览信息是一种娱乐和放松，是一种打发时间的利器，而非“劳动”和“做功”。

这是人类本能决定的，就像喜欢吃甜食和优质蛋白质一样，是刻在人类基因里的偏好。所以，如果你喜欢躺在沙发上玩手机游戏，或是漫无目的地看一晚上短视频，或是不停地刷微博，就像我们的父辈曾经躺在沙发上不停地按电视机遥控器一样，千万不要责怪自己——这是本能！这本能让我进化生存，但时代发展太快，计划赶不上变化罢了。

如上，“浏览”比“思考”轻松，所以“相信”比“判断”轻松。在信息大潮里，最不缺的就是一眼看到就能轻易下结论的信息，它们来自媒体、自媒体、营销号，来自每月顶着KPI拿工资的写手和小编，它们是为了让你“轻易下结论”而出现的。

成瘾行为源于一种即时奖励的反馈机制。既然已经论证信息成瘾是人类本能了，那么大方针就是不要和人的本能对着干。正如挨饿减肥的最后多半会以暴饮暴食或暴吐暴食结束，积累了几万年的本能刻录在DNA里，如此强大，以至于所有和本能对着干的行为都没有好下场。我们要和信息成瘾虚与委蛇，要像在大海上逆风行进的船只，巧妙地侧风而行，避免和DNA正面冲突。

如何避免信息成瘾

- **使用代餐。**

节食减肥很痛苦，有代餐吃就容易多了。吃粗粮可以骗取饱腹感，饮无糖可乐依然口感甜蜜蜜。信息减肥餐也是如此，我们需要骗骗脑子。

什么样的人最容易受困于减肥，乃至于到了得饮食障碍，乃至于到了危及生命的程度？数据显示九成以上是女性，其中大多数是年轻且身材不错的女性，而非超重或肥胖人士。前者更容易在身材控制上陷入完美主义的陷阱，不断逆着DNA里写死的人类天性去逼迫自己。

信息减重也是如此。什么样的人最容易陷入信息成瘾？

前互联网年代，美国媒体就系统地讨论过看报纸成瘾和看电视剧成瘾的人。早在国内互联网兴起初期，在用“猫”上网的年代，就有疯狂用QQ聊天的人，之后有疯狂刷论坛的人、疯狂打游戏停不下来却并非享受游戏的人，后来又有刷朋友圈、短视频、综艺剧成瘾的人。

这些信息成瘾人群并非是对自己毫无要求放纵自我的人，恰恰相反，他们对自己很有要求，他们要求自己静下心来进行学习。但书面知识的理论学习作为一个高耗能、高耗负熵的行为，本身也逆着DNA的方向。当内心有自控的压力，而这种自控又违逆天性，于是自我强迫到一定程度，就会被反噬。

所以堵不如疏。控制信息成瘾十分艰难，可以考虑使用一些“代餐”，即挑一些质量更高的信息来浏览。视频和文字的篇幅宜长不宜短，内容宜正不宜偏。同样是看新闻，能看深度报道，就不看“震惊体”新闻；同样是看科普，能看专业人士写的科普文章，就不必看奇奇怪怪的养生节目。

如果我们已经对信息浏览有某种上瘾的迹象，不要让自己在100分高质量信息和0分低质量信息之间做出选择，本能一定会让我们选择后者，我们可以考虑60分质量的信息，哪怕50分质量的信息，也比沉沦在更低质的信息浏览快感中好。

- **转移注意力。**

注意力转换过快是某种现代病。微博微信短视频，这个世界越来越快，这个“快”是指quickly，而不是fast，是指对某一事物保持关注的持续时间短，而不是指某一时间内完成动作的效率高。与其强求把注意力持续关注在一件事上，不如在初感疲惫之时换一件事来做，而不是去休息。

很多人在下班后倍感疲惫，疲惫到无法再学习，甚至无法看烧脑一点的电影。这时候你要做的不是刷无脑小视频、看无脑电视剧、打无脑小游戏，而是把脑子放下来，换一件事情去做，比如——散步、打球、跳舞、健身。运动一圈回来后，你会发现脑子已经休息好了。

- **培养习惯。**

很多时候，被迫劳动（含非自主上班、学习、写论文、健身）就像大力士拉大卡车，总是很难启动。但一旦拉起来了，保持这样的速度前进倒是比启动容易得多。信息成瘾者，往往是因为有这样的大车需要拉动，车越大，浏览无关信息的动力越足。所以你会发现，越是临近死线，越想刷手机，等任务完成、死线一过，连手机都不那么好玩了。

所以一开始就要尽可能固定时间、地点拉大车，形成肌肉记忆。

- **允许部分满足。**

有个词叫“垃圾食品”。见过很多家长畏垃圾食品如虎，坚决不给孩子吃，小朋友馋得可怜兮兮，一有机会就狂吃，甚至长到了成年阶段，还对垃圾食品有某种欲求不满的偏好。其实垃圾食品并非有毒、一点儿吃不得，只是要控量罢了。“垃圾”信息也是如此——你知道这是垃圾，有节制地摄入就行了。上了一天班，回家刷会儿手机，洗洗睡觉，最正常不过的事情。

- **从主动思考中获得真正的快乐。**

什么是快乐？体验过的人都有感触。

很多行为都能让人获得快乐，但程度不一样。打游戏快乐吗？非常快乐。但打十天游戏，一个月游戏，一年游戏呢？其实真正放手玩，用不了几天就开始厌倦了。泡面、辣条、奶茶都让人快乐，但持续的时间都很短。

真正的快乐，门槛比较高，瞬间快感比较小，但它深远而持久，在漫长的时空中不断吸收和爆发能量，历久弥新，高潮迭起，直达快感的巅峰。这种快乐来自星辰和大海，来自诗和远方，来自对未知世界的探索，来自对自身潜力的挖掘，来自对自我价值的认可。这种快乐不是来自被动接受，而是来自主动思考。

打游戏是快乐的，研究如何打好游戏比之更快乐，开发出一款受欢迎的好游戏比前两者还快乐。阅读一本书是快乐的，研究如何读懂这本书更快乐，写一本能充分表达个人理念的书最快乐。作为普通人，我们很难想象香农灵光一动发明信息论那一瞬间的极致快感，也很难想象爱因斯坦冒出相对论念头时的极致体验。

想要获得持久、深远的极致快感，必须要主动输出，而非被动接受。当我们体会到思考的快乐时，就一定不会只满足于信息成瘾的瞬间快感。

6.4 培养对事实的直觉，明确对意见的立场

首先要区分什么是事实，什么是意见？

这个世界的运行规律，是一种事实。个人对事物的看法，是一种意见。唯物主义认为，事实是一种客观存在，不以人的意志为转移；意见是一种主观评价，根据人的立场、偏好而转移。例如“四川人普遍爱吃辣的食物”，是一种事实判断，对此我们可以有“正确”“错误”的评价；“这个菜很辣”，是一种意见表达，对此我们可以有“赞同”“反对”的表达。

比如制定法律的时候，我们要假设全员恶人，都热衷于钻法律的空子，法律条款要做的就是把空子提前堵上。这是立法者的立场。

当我们试图规避信息茧房的时候，首先需要做的是区分接收到的信息是什么，是事实，还是意见。因为对这二者的质疑，需要全然不同的思路，事实只能用事实来打败，立场却无须用立场来抗衡。

关于事实的“直觉”

判断一条信息是否属于事实，需要一种敏锐的感知。这种感知来自长期事实信息的积累，来自内化的对“常识”的迅速判断，也来自对事实之间的“关系”的快速推导和联系的能力——把这一切结合起来，我们常常称之为“逻辑”。

举个例子。我们知道昙花在夏季夜间开放，一般盛开的时间为3～5小时。我们还知道“昙花一现”这个成语，用来形容显赫起来的人物或流行一时的事物会很快消失。这两者之间建立联系非常容易，就是“像昙花一样，繁盛的时间很短”。

基于义务教育阶段老师教授的生物知识，我们又知道开花是为了授粉，如果只在夜间的几个小时开放，那么授粉该如何进行呢？就这样的疑问，我去查询了昙花这种植物的背景。发现昙花是仙人掌科昙花属的一种植物，原产于墨西哥南部和中美洲的沙漠里。沙漠里非常缺水，昙花为了避免珍贵的水分蒸发，选择在夜间极短的时间内开放，迅速吸引一大波夜行性昆虫来授粉。这个说法非常令人信服，很多园艺/植物科普类专栏作者大多会把信息传递到这一层。

基于义务教育阶段老师教授的历史知识，我们又知道美洲新大陆的发现是在十五世纪末，等大量美洲植物诸如辣椒、土豆、玉米、番茄、番薯等传入中国，差不多是十七世纪以后的事了，最早不过明代。而“昙花一现”是一个汉语原生的成语，稍微正经一点的原生成语一般源于历史典故，感觉是在明代之前就有了。

到这里，这些常识都成立，但逻辑链接不上了。

我去查了该“昙花一现”的辞源，这里的“昙花”是个外来词，来自佛经，是梵文Udumbara的音译，全译为“优昙婆罗花”。据《法华文句》四上：“优昙花者，此言灵瑞。三千年一现，现则金轮王出。”此外，佛教经典中有一部《优昙婆罗经》，名称也是源于此植物。这是一种桑科榕属的乔木，是一种无花果。无花果是有花的，但因开得十分隐蔽，古代印度人才会觉得它三千年一开花。

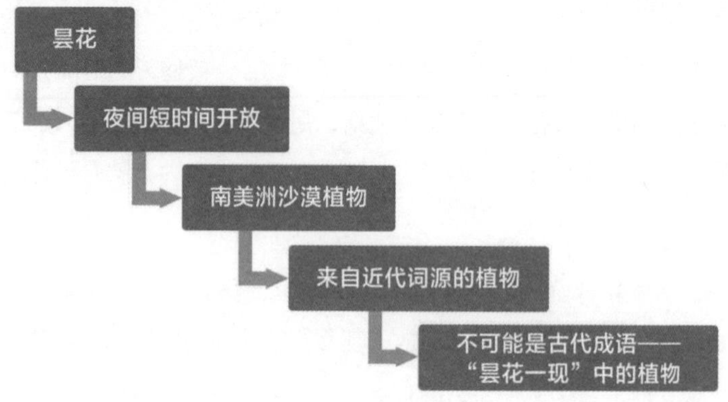

综上，园艺界的晚上开几个小时的昙花，并非成语“昙花一现”中的昙花。“昙花一现”最初是指开花的间隔时间很长，美好的事物很难出现，而不是指花期短，美好的事物转瞬即逝。或许是几百年前最初将这种仙人掌花引进到中国的人中，有一个人觉得“昙花”的名字不错可以一借，于是就赋予了昙花新的汉语。在如今的现代汉语中，人们已经根据对墨西哥昙花的新认知，赋予了这个成语新的意思。如此，再看苏轼诗文中的“优钵昙花岂有花，问师此曲唱谁家”便有更确切的理解了。

当人具备一些知识积累后，这些知识交错穿插重叠，所辐射到的领域能帮助人培养起某种对新知识的敏感性，从而绕过一些坑。这便是用事实打败事实，涉及事实的质疑和讨论无须也无法掺杂“立场”这种场外信息。譬如有新西兰华人说新西兰奶粉好，你若要反驳，只能从牛奶质量的参数上做文章，绝无说“你吃外国人的饭，自然说外国人好”这种话的道理，即便这人的确在做新西兰奶粉代购。因为从逻辑上讲，的确存在“他吃外国人的饭”“新西兰奶粉质量好”这两种事实同时存在的可能。

关于意见的“立场”

涉及立场，就会比较复杂，因为真相只有一个，真事实可以打败伪事实，此立场却无法打败彼立场。

举个例子。

2009 年哥本哈根世界气候变化会议在丹麦召开。这场会议的主要目的是续签《京都议定书》，大家坐下来商议一下未来几十年世界各国的碳排放量。那么这个排放量要以什么规则来划分呢？

中国一直被发达国家指责碳排放量过多，不够环保。没错，十多年来中国一直是碳排放量世界第一的大国。此外，中国还是世界上吃米饭最多的国家，消耗牙膏最多的国家，以及人体废气排放最多的国家——因为中国是世界上人口最多的国家，理所当然什么都是最多的。因此，指责中国是碳排放量第一的国家，毫无意义。

那如果按人均碳排放量来划分，就合适了吗？

也不合适。众所周知，中国是制造业大国。瑞士的支柱产业是银行业，国内有充沛的水电资源，能源主要来自水电和核电，它的碳排放量就不可能高。但瑞士人要穿衣服，衣服从中国进口，给瑞士人生产衣服的碳排放量应该算在谁头上呢？

那如果按人均碳排放量，再调整以人均消费工业产品的碳排放量，就合适了吗?

也不合适。对于一个国家而言，碳排放量有一个由低到高增加，再由高到低回落的过程。“由低到高”是说这个国家的工业体量上升，碳排放量增加；“由高到低”是说这个国家的工业技术水平上升，能用更少的能耗去实现更大的产值。

但工业技术水平不是充话费送的，是用工业发展历史堆起来的，换言之，是用历史碳排放量堆起来的。发达国家已经经历过一个疯狂碳排放的时代，积累了相当高的工业技术水平，用它们的标准衡量发展中国家是不公平的。好比青春期男生正在长身体，吃得多，伏案工作的中年人新陈代谢慢，吃得少，中年人指着青春期男生的鼻子说“你吃太多了，浪费粮食”，这就很荒谬。

丁仲礼院士说：“碳排放权就是发展权，就是人权。”碳排放量能带来工业产能，是一块大大的蛋糕。在哥本哈根会议上，这块蛋糕的总量已经被限定了，即8000亿吨碳排放量总量，会议要做的就是切蛋糕的问题，谁占比大，谁就收益多。

公平公正是非常宽泛的概念。发达国家的民众作为既得利益者，很容易站上道德高地，以“碳排放是坏的”这种简单到近乎幼稚的理念去理解复杂的公共议题。

当我们的屁股坐在中国，我们的脑袋从个人利益和国家利益角度去思考，对什么是真正的“公平公正”就会有更具体的要求，对热议话题的意见也会有不同的见解。

立场决定意见。我们的意见从哪里来？从屁股所坐的位置上来。

某年开会，一个企业家代表提议要求延长劳动时间，一时引起公愤，舆论纷纷谴责该企业家为富不仁。其实身为“代表”，代表自己身处的群体说话，可以理解。农民代表为农民说话，企业家代表为企业家说话。我们需要来自各行各业、各个民族的代表为形形色色的人说话。

一个人必然有身份认同。比如我是中国人，是台湾大学的毕业生，是互联网大厂的“药渣”，是超级内向的“宅宅”，是干锅牛蛙爱好者，是猫猫爱好者……

与其说我有这些身份认同，不如说这些认同支撑着我。于漫漫时间和空间的虚空里，于千千万万人海里，这些认同是我安身立命的支点，它们支撑着我的所有立场和观念，所有信仰和情感。当我的人生遇到波澜，这些支点稳定地支撑着我，把控着我前进的方向。

拥有身份认同就像拥有身份证一样，拥有的人“当时只道是寻常”，不觉得是特权；不曾拥有的人受困其外，焦虑煎熬。

曾经有中国媒体报道美国人（大部分是白人夫妇）收养中国孤女的案例。我为这些美国人的善意而感动，但等待这些华人孤儿的，并非都是充满献花和笑容的美国梦。据美国媒体报道，这些白人家庭在日常生活圈中几乎不认识中国人，善良的养父母努力带养女去中餐馆、过春节、穿旗袍，甚至送去中文学校学中文，但其中部分中国孤儿还是在青春期后面临着极大的身份认同困扰——我究竟属于哪里？无论是本土中国人，还是美国华裔移民，还是华二代华三代ABC[1]，都有属于自己的圈子的认同，但这些女孩儿们没有。白人家长为她们和中国文化的联结做出的努力，对于构建身份认同而言，远远不够。她们的身份处于断层，于美国于中国，她们

1　ABC，全称“American-Born Chinese”是一种非正式的有些调侃意味的说法，是指在美国出生的华裔后代。

都找不到自己的位置，为此有人焦虑困惑，乃至抑郁，有人在成年后大量接触中国相关信息、来中国旅行，准备用一生去弥合从未存在过的身份认同。

类似现象在中国也有研究，研究对象是留守儿童。没有户籍的城市和陌生的老家，他们也在这二者之间努力构筑自己新的身份认同。

我们总是更愿意代表自己所在的身份说话。不同的身份认同，往往伴随着不同的立场。相同身份的人，往往站在同一立场。我们往往会对同一立场的人天然亲近，对他们的意见自动加权，形成某种由于立场一致性带来的“信息茧房”。这就需要我们警惕了。

黑人是否一定会为黑人说话？女性是否必然支持女权？某个国家的人是否必然热爱他的祖国？显然不一定。当个人利益和身份所处的集体利益发生冲突时，多多少少会有人做出不同的选择。美国BLM运动创始人在几乎纯白人的高档社区置屋，英国前首相玛格丽特·撒切尔在女权问题上的态度极端保守。我们必须探查一个人真正的立场是什么，真正的利益关系是什么，同时站定自己的立场，才能避免在这个大搞身份认同政治（Identity politics）的时代里进入“立场一致”者的信息茧房。

6.5 宏观格局，跨界竞争

一个宏观的自我

普林斯顿大学经济学教授伯顿·马尔基尔（Burton Malkiel）在《漫步华尔街》一书里就把基金经理选股比作蒙着双眼的猴子朝报纸金融版掷飞镖，并表示猴子的飞镖的选择并不比基金经理的业绩差。近年来不断有研究反对这种说法，并表示猴子瞎蒙的业绩可比基金经理精挑细选的股票要好得多。起码可以这么说，对大多数人来说，炒股是一种合法的投机行为。

在美国，很多人有自己私人的退休金账户，比如401k、IRA等，这些账户中的资金在退休前领取需要缴税，或缴罚款，或既缴税又缴罚款，所以它们被持有的时间单位往往以“一辈子”“半辈子”计。当你把40年作为一个投资尺度的时候，你会发现你之前的绝大多数投资理念都不再适用。因为40年，足以平摊大部分风险，你不得不抛弃投机心态，不得不回归价值本身。

宏观视角和微观视角看待问题的差别，可能比宏观物理和微观物理的差别都要大。

譬如人对自我的认知和规划是一种更为长远的投资。当你对某事物的持有时间是一生的时候，你一直在计较的“得失心”就大大减弱了。高考失败、考研不成、没有考上公务员、求职不利、失恋、离婚、失业……从此都是寻常事，从此人生的意义在于思考自我与他者的边界，探讨当下与永恒的关系，在意星辰大海，而非眼下的一得一失。

当你从宏观视角凝视自我时，你把长线放长到生与死的尺度，你会发现最有价值的生活方式，是“思考”。生命的本质在于减熵，思考的意义也在于减熵。这是让生命回归本质的方式。当人开始思考的那一刻，目光会轻松穿透信息的茧房，聚焦在智慧和理性起始的焦点，突破自身和他人的边界，获得最无边无际的自由。

如果你想从更宏观的角度凝视自我，可以把焦距调得更长一些，通过人类文明史和古生物史看到上下一万年乃至38亿年前，通过地理学和天文学看到纵横九万里乃至930亿光年[1]，你会发现在绝对大的尺度面前，个人

1 即可观测宇宙的直径。

的视野是如此渺小，信息茧房里的世界是那么脆弱且不堪一击。

如果你还想更宏观一点，那么往深处观察，去学习人类智慧的结晶——对这个世界运行规律的归纳总结，感受到一点智慧和理性的光芒，你的脚就再也跨不进茧房的门槛。

譬如，当你了解到历史上各种文化对女性美的理解，大胸小胸、细腰粗腰、肤白肤黑、高大矮小都可以是“美”的标准，你就会去思考审美的本质，不再认同单一的审美标准。再如，当你了解到改革开放前有日本媒体评价“中国人太懒，都不怎么加班，中国发展不起来”，一如现在部分中国人评价非洲，你就会去思考到底有没有所谓的“国民性”，以及在分配制度面前“国民性”究竟起多大作用，不再歧视其他国家的人民。

所有因循守旧的固执、人云亦云的偏见、孤陋寡闻的傲慢，在一个知识储备丰富、理论素养扎实的“宏观大我”面前都无处可逃。这大概算是对信息茧房的某种暴力破解。

跨界竞争

我曾经专门写了一本书讨论当下商业竞争中的跨界思维，叫《跨界竞争——看不见的对手，看得见的手》。竞争有很多种，同一维度的竞争，往往是同质厮杀、血腥肉搏，类似美团对战饿了么、哈罗单车对战青桔单车。这种竞争往往是大场面，双方打起来规模大、时间长，硝烟弥漫、万众瞩目。但若是不同维度的竞争，挑战者来自异次元，降维打击，出手即死，所见即所灭，秒杀亦绝杀。好比天花病毒进入南美，好比亚马逊清洗小型本地商业，这种跨界竞争的战斗如机关枪扫鸡窝，瞬发瞬止，一方碾压。

在商业竞争上，这个“界”指行业的边界。千山万水跨越行业而来的对手，对于深耕已久的传统企业，无异于外星人入侵地球，因未知而恐怖。在个人成长中，这个“界”的意义可以更丰富，譬如指认知的边界、茧房的边界。

如果我们的目光被茧房所局限，就很难在这个边界日渐模糊的世界里厘清现实、把握机会。对此，我们需要——

1. 拒绝成为封闭系统。

年岁渐长，我们对世界的认知越来越稳定，很少再有读书读到拍案而起的激动，很少再有醍醐灌顶的瞬间。有时候这是好事，这代表了一个人心智的成熟。

然而伴随着这样的成熟，人对外界的观察、探索、思考也日渐程式化，较少去思考程式以外的东西。我们知道，无论是经典诈骗术还是传销，抑或是精神控制类的“自我成长培训营”，它们都会做的一件事，就是制造一个自愿或半自愿的封闭的思想环境。在封闭系统内，人们不再与外界交流，更容易被控制、被操纵。

所以当我们意识到自己对万物都了然于胸、万事都稳操胜券时，最好谨慎怀疑自己的信息交流系统是否日渐封闭，有意识地抵御熟悉感，警惕这种封闭，及时保持信息交流的渠道畅通。

2. 主动促成信息代谢。

信息是某种精神世界的能量之源，或曰精神的“葡萄糖”。然而葡萄糖摄入太多，胰岛素处理不及时，也会造成身体的负担。人代谢的信息总量是有限的，然而信息喷涌而来避之不及，此时只有两条路可走，一是降低糖的摄入，也就是减少信息浏览；二是注射胰岛素，加速体内糖的分解，也就是勤于思考，加速消化吸收信息。

“减少信息浏览”是指我们要控制信息摄入的总量，这和上一条中所说的“警惕成为封闭系统”并不矛盾。“减少信息浏览”是指少刷一会儿手机，而非不收听某些不合自己心意的言论——它对信息是没有选择性的；而后者的“封闭系统”是对信息有选择的，大有“顺我者听，逆我者不听”的意思在其中。

至于“不拒思考”，在4.2节中已经有了详细的讨论。“思考”是一个耗能、减熵的过程。我们的精神世界犹如一所大宅子，“信息浏览”相当于下单买各种物品，“思考”则相当于把物品分门别类归置到位，二者结合，让这座宅子功能齐全、取用便利，成为一个有机的整体。如果不对外来信息进行消化，使其内化为自身可利用的信息，这便是信息的消化不良，精神世界便是一个囤积症患者的垃圾仓库，满而无用。

深度思考和理性思维则是某种消化信息的“胃动力”，促成“我”和外界的新陈代谢，成为真正有生命力的个体。

3. 君子不器，跨域认知。

经常会有人觉得这个世界变化太快。譬如纸媒在短短十年间迅速陨落，新媒体从博客到微博到公众号，从文字到视频，从视频到短视频，一切都变化得那么快。譬如我当年用过DOS系统，学过Visual Basic，我同学学了好多年晶体管的电路设计。

但有时候你又会发现有些东西似乎从未变过。无论媒体变成什么样，人们想在媒体上看到的依旧是“内容”；计算机语言更新换代，对编码人才的需求依然旺盛。

我们会被什么样的东西打败？

阿兹特克人败于西班牙人带来的病毒，而不是和隔壁城邦的战争；北美旅鸽败于突然而来的殖民者，而不是大自然的天敌；可口可乐销量连续下跌是因为和新中产的健康饮食价值观格格不入，而不是因为竞争对手百事；无数零售品牌败于亚马逊网购的冲击，而非自身经营不善。小说里的英雄对决，总是势均力敌惺惺相惜，赢得不易，输得甘心，而不是这种莫名其妙的跨界碾压，这样的失败让人不甘心。

我们会被视野之外的异域来客打败。我们的视野越宽广，能打败我们的对手就越少。这也是茧房的可怕之处。当人始终和一群相似的人在一起，沉溺在相似的观点中，只接受愿意接受的理念，活得越是幸福满足，遭遇降维打击时就失败得越快。

不久前有一位翻译告诉我，他正在使用一个非常优秀的AI翻译软件。为了让机器翻译的效果更好，他会先把中文长句子分割、整理成便于AI理解的短句子，大大提高中翻英的准确率。这让我想起网红们在镜头前的常规操作：直播博主们给自己化了非常浓烈的、不均匀的妆，在现实中形如妖孽，但在滤镜下非常美。

让我们为这二者鼓掌。他们的职场竞争甚至不再是人与人的竞争与合作，而是人和AI的竞争与合作。这些年随着科技的发展，AI通过学习越来越像人类，与此同时，人类也在学习如何像AI，二者不断弥合认知差异，成为队友，也成为对手。我们的目光要翻越茧房的局限，要跨过千山万水，要跨过小马未曾蹚过的小河。

4. 保持一定底线的线下生活

如果你还在阅读，还在买书，大概会从网上买书更多一些。线上购书的选择，很大程度上依靠我们在线上看到的广告。广告投放的逻辑，又依据你对书籍品类的偏好——毕竟投广告的人有KPI要求，希望“广告-点击-购买”的转化率越高越好。这就是一个资本造就的信息茧房。但如果你在书店买书，虽然也会有“店长推荐”之类的绝佳广告位，但更多的位置还没有被纳入广告商的谋算，你还能看到那些奇奇怪怪的、绝无可能向你推送的、却让你倍感兴趣的书。

不仅仅是买书，买任何东西都是如此。

不仅仅是购物，接受任何信息也都是如此。

线上世界是一个巨大的“楚门的世界”。在这里，人享受着巨大的便捷、极高的效率，同时，人也在被设计、被暗算、被不怀好意地包围。

若要彻底摆脱后者，也不得不抛下前者。我们已经无法想象如何在一个没有网络的世界中生活，但起码我们可以暂时拥有部分的线下生活。线下的图书馆，线下的餐厅，线下的风景，都能跨越“楚门的世界”所构造的信息茧房。希望我们还能保留一点初心，珍惜最后的机会，用线上的便捷服务线下的人生，而非到点打卡出图，用线下的人生装点线上的生活。

这个时代，或许没有人能够彻底拒绝信息茧房。学会和茧房共存，在茧房上开一扇门一扇窗，才能在信息的汪洋大海里保留一个独特的自我，进出自如地栖息。